清华教育技术学国家社科基金课题研究丛书

# 职业教育课程混合教学设计研究与实践

王雯 著

清华大学出版社
北京

## 内 容 简 介

本书是一部集理论性、实践性和创新性于一体的职业教育课程混合教学设计著作。全书共分为七章，内容涵盖了职业教育混合教学改革的背景分析、研究现状综述、基本要素解析、现状问题梳理、教学设计模型构建、教学设计工具开发与应用研究以及疫情防控期间的混合教学模式探讨等多个方面。本书主要面向职业院校的教师、教学管理人员和教育研究者。对于职业院校教师而言，本书可以帮助他们更好地理解职业教育课程混合教学的理念和方法，为他们提供兼具职业教育"产教融合、校企合作、工学结合"类型特色和数字时代混合教学促进"学生自主学习、即时反馈"优势的混合教学设计模型、混合教学设计工具和混合教学模式，以提高教学效果和人才培养质量。对于教学管理人员而言，本书可以为他们提供决策参考，推动学校混合教学改革和数字化转型。对于教育研究者而言，本书则可以作为他们开展职业教育混合教学研究的重要参考资料，促进相关领域的学术交流和发展。

本书封面贴有清华大学出版社防伪标签，无标签者不得销售。
版权所有，侵权必究。举报：010-62782989，beiqinquan@tup.tsinghua.edu.cn。

### 图书在版编目（CIP）数据

职业教育课程混合教学设计研究与实践/王雯著．北京：清华大学出版社，2024.10.--（清华教育技术学国家社科基金课题研究丛书）．-- ISBN 978-7-302-67511-2

Ⅰ.G712.3

中国国家版本馆 CIP 数据核字第 2024372BN4 号

责任编辑：杜　晓
封面设计：傅瑞学
责任校对：李　梅
责任印制：刘　菲

出版发行：清华大学出版社
　　网　　址：https://www.tup.com.cn，https://www.wqxuetang.com
　　地　　址：北京清华大学学研大厦 A 座　　邮　　编：100084
　　社 总 机：010-83470000　　　　　　　　邮　　购：010-62786544
　　投稿与读者服务：010-62776969，c-service@tup.tsinghua.edu.cn
　　质量反馈：010-62772015，zhiliang@tup.tsinghua.edu.cn
　　课件下载：https://www.tup.com.cn，010-83470410
印 装 者：北京鑫海金澳胶印有限公司
经　　销：全国新华书店
开　　本：185mm×260mm　　印　张：9.25　　字　数：221 千字
版　　次：2024 年 10 月第 1 版　　　　印　次：2024 年 10 月第 1 次印刷
定　　价：49.00 元

产品编号：107330-01

## 作者简介

王雯，中国教育科学研究院助理研究员、全国教育科学规划办公室项目主管，2020年在清华大学取得教育学博士学位。研究方向聚焦于职业教育数字化与混合教学、人工智能教育。主持国家社科基金青年项目、北京市教育科学规划青年课题等多项国家级及省部级项目，参与教育部委托项目十余项，在《电化教育研究》《开放教育研究》《国家教育行政学院学报》《中国职业技术教育》等核心期刊以第一作者身份发表论文十余篇，参与出版 Handbook of Educational Reform Through Blended Learning、《职业教育信息化研究导论》等学术专著7部，多项决策研究成果获批示和采纳。

# 序

二十多年来，混合教学核心概念日益清晰、相关论文迅速增加，实证研究提供了越来越具有价值的理论产出，混合教学已经成为数字时代教学的主流模式。清华大学教育技术研究团队在程建钢教授的带领下，自1999开始研发"清华教育在线（THEOL）"网络教学平台，同时对基于技术的教学模式展开探索，对混合教学进行了长期持续的研究，2012年提出教学改革聚焦于混合教育新阶段、学习方式迈向泛在学习新生态的观点，并将混合教学从一种教学方法上升为学校信息化教育教学改革的系统工程，构建了混合教育教学的三维度和三层面+研究与实践框架，即从混合教育教学理论体系、技术体系、组织体系三个维度，在课程、专业和学校三个层面对信息时代的教育教学进行重构，并据此在几百所不同类型的院校大规模推进混合教学改革，形成了一批研究成果。但这些成果主要以大学的混合教学为研究对象，缺乏针对职业教育混合教学的研究。

王雯博士以清华大学博士学位论文为基础，又经过四年的持续研究，撰写了《职业教育课程混合教学设计研究与实践》，填补了这方面的研究空白，对上万所职业院校的教师开展混合教学具有重要的指导作用。该书的学术成果具有以下特点。

（1）本书阐明了职业教育混合教学的核心要素及其关系。职业教育的教学活动是由实践情境构成的、基于工作过程的行动体系，这是区别基于学科知识体系开展教学的鲜明特征。该书基于对职业院校课程教学的特点分析，对课程教学七个要素的内涵进行了重新诠释，包括学生、教师、教学目标、教学内容、教学活动、教学反馈和教学环境，并阐述了七个要素之间的相互关系，为认识职业教育混合教学以及数字时代职业教育"三教"改革提供了学理上的支持。

（2）本书构建了职业教育课程混合教学设计的模型。通过对职业教育基于工作过程的课程开发模式的分析，融合4C/ID模型、ADDIE模型和混合教学设计模型的优势，围绕职业教育混合教学七要素及其结构关系，构建了职业教育课程混合教学设计模型。该模型围绕分析、设计、开发、实施和评价五个环节展开。分析环节包括教学目标分析（含学习者分析、确定教学目标、复杂性技能及其相关知识分析）、分析并明确混合教学环境类型；设计环节包括学习任务设计、信息呈现设计、练习设计、合成训练策略、学校及企业教师角色设计；开发环节包括混合教学环境开发和混合教学资源开发；评价环节包括形成性评价、总结性评价及教学修正过程。书中提供了职业教育课程混合教学设计模型的应用示例，便于教师理解混合教学设计的模型。

（3）本书提出了职业教育混合课程的分类框架。根据职业教育教学的目标、教学环境和教师角色的不同，提出了用于混合课程的分类框架，既可用于研究者对混合教学设计案例进行分析，也可用于教师分类开展混合教学设计。该框架用职业技能目标类型代表教学目标类型，包括智力技能、动作技能、感觉与知觉技能、表达技能四类；将教学环境作为区分不同类型课程混合教学方案的依据，包括多媒体教室、实体实验实训室、虚拟仿真实验实训室、虚实融合实验实训室、多功能一体化教室与工作场所六类；教师的角色包括只有学校双师型教师、无企业专家参与，学校双师型教师为主、企业专家面对面参与学生实践性教育教学活动，学校双师型教师为主、企业专家远程参与学生实践性教育教学活动，企业专家为主、学校教师面对面参与学生企业实践性教育教学，企业专家为主、学校教师远程参与学生企业实践性教育教学五类，据此将职业教育课程分为18类。针对每一类课程，设计了相应的混合教学方案，并提供了教学设计单，为教师开展混合教学设计提供了分步骤的指导。

上述成果都有作者深入职业院校一线课堂进行跟踪的实证证据，验证了职业教育课程混合教学要素构成理论及设计模型的应用效果。鉴于该书研究发端于清华大学教育技术研究团队的国家社科基金课题，同时又汇集了上述创新成果，特将其收录于"清华教育技术学国家社科基金课题研究丛书"。除了该书和已经出版的《混合教学研究与实践》外，"高职院校信息技术融入技术技能培养的理论及实践研究"和"基于系统论的职业院校在线教育体系、模式、评价研究"等国家社科基金项目研究成果也将收录于"清华教育技术学国家社科基金课题研究丛书"中。感谢清华大学出版社的鼎力支持和精心编辑。

韩锡斌<br>
清华大学教育研究院<br>
2024 年 9 月 30 日

# 前言

近年来，全球逐步从工业时代进入了数字时代，以人工智能、大数据、云计算、物联网等新一代数字技术为主导的新技术变革在全球范围内推动着生产方式数字化转型，数字经济成为全球经济增长新的引擎。职业教育是培养技术技能型人才、促进就业创业创新、推动中国制造和服务上水平的重要基础。服务发展和促进就业的办学方向，决定了职业教育必须以市场需求为导向。推动职业教育数字化转型，增强职业教育对经济社会发展的外部适应性，培养数字经济发展所需的数字技术技能型人才，是支撑我国未来中长期经济社会高质量发展的重要议题。同时，教育数字化不仅是新时代教育高质量发展的内在需求，更是我们开辟教育发展新赛道、塑造教育发展新优势的关键所在。职业教育数字化是教育数字化的重要组成部分和薄弱环节，职业教育需要增强对教育数字化的内部适应性。

混合教学作为教育数字化转型的典型教学实践形态，在教育实践与理论方面都可以为职业教育适应数字经济发展和教育高质量发展提供一种新的思路，是职业教育教学数字化转型的重要方向。《中国特色高水平高职学校和专业建设计划》将"广泛应用线上线下混合教学，促进自主、泛在、个性化学习"作为提升职业教育高质量发展的重要内容。2023年世界数字教育大会上，教育部部长怀进鹏在主旨演讲中提到"依托平台，全国有接近 55% 的职业学校教师开展混合式教学"。这一数据不仅展示了混合教学在职业教育中的普及程度，也彰显了我国以混合教学推动职业教育数字化转型的坚定步伐和显著成效。

职业教育与普通教育是两种不同的教育类型，职业教育课程的开发基于工作过程，教学以行动为导向，具有鲜明的类型特色。经过二十多年的发展，混合教学理论与实践成果丰硕，但以学科知识逻辑为中心的、面向普通教育的混合教学理论较难准确指导职业教育课程混合教学实践。职业体系中的工作体系相对于学科体系而独立存在，是职业教育区别于普通教育而存在的基础。当前职业教育课程混合教学存在学习单元不够规范、教学目标不够具体、教学任务不够典型、混合性不够突出等诸多问题。教学设计是连接教学理论与教学实践的桥梁，职业院校课程混合教学设计的质量决定了职业教育混合教学的实践效果。职业教育课程混合教学设计一方面需要体现鲜明的职业教育类型特色，融合基于工作过程的课程开发理念和行动导向的教学理念；另一方面需要充分利用数字技术支持下的线上线下混合教学优势。本书即基于这一目标展开论述。

本书由中国教育科学研究院王雯执笔。近十年来，作者深入职业院校教学一线，指导数十所院校几千名职业院校教师开展课程混合教学。本书始于博士期间的研究，成稿与完善于中国教育科学研究院工作期间，受到国家社科基金项目"数字化转型背景下职业教育适应性人才培养模式研究"的支持。衷心感谢清华大学韩锡斌教授对本书研究工作的倾情指导和对本书出版的全力支持。

全书共七章。第一章分析了职业教育课程混合教学改革的背景，并界定了相关术语与基本概念。第二章基于文献综述介绍了研究现状，奠定了职业教育课程混合教学研究的理论基础。第三章提出了职业教育混合教学的七要素，深入分析了七要素的内涵、特点与结构关系。第四章通过395门混合课程的案例分析和271位教师的问卷调查，梳理了职业教育课程混合教学设计的现状和问题，明确了职业教育课程混合教学设计模型构建的基本思路。第五章在职业教育混合教学七要素的基础上，以基于工作过程的课程开发模式和4C/ID模型为主要参考，结合ADDIE等经典教学设计模型、混合教学设计模型，构建了职业教育课程混合教学设计模型。第六章根据职业教育课程混合教学设计模型开发了教学设计工具，并面向8所职业院校的472位教师进行以下应用研究：①通过教师问卷调查及课程案例的准实验研究，验证职业教育课程混合教学设计模型的应用有效性；②通过对所有应用案例进行分析，形成了18类课程混合教学模式；③通过访谈相关教师，并结合应用研究发现的问题，对模型进行优化。第七章通过新冠疫情防控期间的混合教学设计案例讨论，提出了8类居家条件下以在线教学为主的混合教学模式。

联合国教育变革峰会提出：如果利用得当，数字革命可以成为确保人人享有优质教育、改变教师教学和学生学习方式的最有力工具之一。在职业教育领域，只有同时体现职业教育"产教融合、校企合作、工学结合"的特点和数字时代混合教学促进"学生自主学习、即时反馈"优势的教学设计理念，才能确保混合教学成为真正支撑职业教育高素质数字化技术技能型人才培养的重要手段。希望本书可以为职业院校教师开展混合教学提供理论支撑和操作指南，帮助他们在数字时代更加高效且有质量地开展混合教学，共同推动数字时代职业教育的高质量发展。

王 雯

2024年3月

# 目 录

## 第一章 职业教育课程混合教学改革的背景 / 001

### 第一节 职业教育对经济社会发展的外部适应性 / 001
一、数字技术深刻变革经济社会发展形态和运行方式 / 001
二、职业教育需要增强对数字经济的外部适应性 / 002

### 第二节 职业教育数字化转型的内部适应性 / 004
一、教育数字化是新时代教育高质量发展的内在需要 / 004
二、职业教育数字化是教育数字化转型的关键组成部分 / 006
三、混合教学是推动职业教育数字化的关键举措 / 007

### 第三节 职业教育课程混合教学设计的核心概念界定 / 008
一、职业教育课程 / 008
二、混合教学 / 009
三、混合教学设计 / 009
四、混合教学设计模型 / 010
五、混合教学设计工具 / 010

### 本章小结 / 010

## 第二章 职业教育课程混合教学设计的理论基础 / 012

### 第一节 混合教学的研究与发展 / 012
一、混合教学的整体研究概况 / 012
二、混合教学的概念与内涵 / 014
三、混合教学的设计性研究进展 / 016

### 第二节 教学设计模型及混合教学设计模型的研究与发展 / 023
一、教学设计的经典模型 / 023
二、混合教学设计模型的研究进展 / 028

第三节　职业教育课程及教学的研究与发展 / 029
　　一、职业教育课程开发模式的研究进展 / 029
　　二、职业教育教学模式的研究进展 / 033
本章小结 / 035

# 第三章　职业教育课程混合教学的基本要素 / 036

第一节　混合教学的要素分析 / 036
　　一、教学的基本要素 / 036
　　二、混合教学的七要素 / 039

第二节　职业教育教学的要素分析 / 039
　　一、职业教育教学的七要素 / 040
　　二、校企合作对职业教育教学七要素的影响 / 046

第三节　职业教育课程混合教学的要素分析 / 046
　　一、职业教育课程混合教学的七要素 / 047
　　二、职业教育课程混合教学七要素的结构关系 / 049
　　三、职业教育课程混合教学七要素的设计思路 / 050

本章小结 / 051

# 第四章　职业教育课程混合教学设计的现状 / 053

第一节　职业教育课程混合教学设计现状的问卷调查 / 053
　　一、问卷设计 / 053
　　二、数据收集及信效度分析 / 054
　　三、问卷调查结果 / 055

第二节　职业教育课程混合教学设计现状的案例分析 / 057
　　一、案例选择与数据搜集 / 057
　　二、案例分析框架 / 059
　　三、案例分析结果 / 060

第三节　职业教育课程混合教学设计现状分析 / 064
　　一、与职业教育"产教融合、校企合作、工学结合"的理念脱节 / 064
　　二、混合教学促进学生自主学习与即时反馈的优势不突出 / 064
　　三、教师尚未遵循混合教学设计的理论与方法 / 065

本章小结 / 066

## 第五章　职业教育课程混合教学设计模型 / 067

### 第一节　职业教育课程混合教学设计模型的基本构成 / 067
### 第二节　基于工作过程的职业教育混合课程开发模式 / 068
一、职业教育课程开发模式分析 / 068
二、基于工作过程的职业教育混合课程开发模式构建 / 069

### 第三节　职业教育课程混合教学设计模型 / 070
一、教学设计模型及混合教学设计模型分析 / 070
二、职业教育课程混合教学设计模型构建 / 071
三、职业教育课程混合教学设计模型的应用示例 / 074

本章小结 / 080

## 第六章　职业教育课程混合教学设计模型的应用 / 081

### 第一节　职业教育课程混合教学设计模型的应用工具 / 081
### 第二节　职业教育课程混合教学设计模型的教师认可度调查 / 082
一、问卷设计 / 082
二、数据收集及信效度分析 / 083
三、教师对模型的认可度分析 / 084
四、教师对模型认可度的影响因素分析 / 085

### 第三节　职业教育课程混合教学设计模型的应用案例分析 / 086
一、案例分析的目标与思路 / 086
二、不同类型职业教育课程的混合教学设计 / 087
三、案例分析结果讨论 / 102

### 第四节　职业教育课程混合教学设计模型的应用效果 / 105
一、研究方法与实验设计 / 105
二、混合教学促进学生认知行为能力的效应分析 / 110
三、学生混合教学满意度的效应分析 / 114
四、应用效果总结 / 115

### 第五节　职业教育课程混合教学设计模型的优化 / 116
一、应用问题及模型优化启示 / 116
二、教师访谈及文本分析 / 117
三、模型优化 / 119
四、优化后模型的教师认可度分析 / 121

本章小结 / 122

# 第七章　防疫期间职业教育课程混合教学应用讨论 / 123

## 第一节　防疫期间职业教育课程混合教学应用分析 / 123

一、以智力技能培养为核心的混合教学分析 / 123

二、以动作技能培养为核心的混合教学分析 / 126

三、以感觉与知觉技能培养为核心的混合教学分析 / 131

四、以表达技能培养为核心的混合教学分析 / 132

## 第二节　分析结果讨论 / 134

本章小结 / 135

# 第一章　职业教育课程混合教学改革的背景

服务建设现代化经济体系，实现更高质量更充分就业需要，推动职业教育与经济社会同步发展，是新时代职业教育发展的重要目标。近年来，全球社会逐步从工业时代进入了数字时代，人工智能、大数据、云计算、物联网等新一代数字技术为主导的新技术变革在全球范围内推动生产方式数字化转型，数字经济成为全球经济增长新引擎。推动职业教育数字化转型，增强职业教育适应性，培养数字经济发展所需的数字技术技能人才，是支撑我国未来中长期经济社会高质量发展的重要议题。混合教学作为教育数字化转型的典型教学实践形态，在教育实践与理论方面都可以为职业教育适应数字经济发展提供一种解决方案，是职业教育教学数字化转型的重要方向。

## 第一节　职业教育对经济社会发展的外部适应性

### 一、数字技术深刻变革经济社会发展形态和运行方式

随着人工智能、大数据、云计算、物联网等新一代数字技术快速发展，数字经济成为继农业经济、工业经济之后的新经济形态和发展范式，正在全面、深层次地变革经济社会系统发展形态和运行方式，引领经济社会发展进入数字时代。

数字经济是"以数据资源为关键要素、以信息网络为主要载体、以信息通信技术融合应用、全要素数字化转型为重要推动力，促进公平和效率更加统一的新经济形态"[1]，具有高创新性、强渗透性、广覆盖性、宽包容性等特征[2]。当前数字经济发展已进入"四化"协同阶段，即数字产业化、产业数字化、数字化治理、数据价值化[3]，代表经济社会实现从生产要素到生产力、再到生产关系的全面数字化系统变革[4]。马克思在《政治经济学批判》中指出："社会的物质生产力发展到一定阶段，便同它们一直在其中活动的现存生产关系或财产关系（这只是生产关系的法律用语）发生矛盾。于是这些关系便由生产力的发展形式变成生产力的桎梏。那时社会革命的时代就到来了。随着经济基础的变更，全部庞大的上层建筑也或慢或快地发生变革。"数字经济以数据为关键生产要素，以数字产业化和产业数字化重塑生产力，引领生产关系数字化变革，传统劳动力结构与素质无法适应数字经济发展需要，劳动力市场随之加速转型。

已有针对数字经济与劳动力市场关系的研究表明，数字经济通过替代效应和补偿效应，

---

[1] 国务院.关于印发"十四五"数字经济发展规划的通知（国发〔2021〕29号）[Z].2021-12-12.
[2] 许远.适应数字经济发展实现高质量充分就业和体面劳动——面向新时代的我国数字技能开发策略及展望[J].教育与职业，2023(3): 59-67.
[3] 中国信息通信研究院.中国数字经济发展报告（2022）[R].中国信息通信研究院，2022.
[4] 中国信息通信研究院."四化"协同，数字经济发展新阶段[J].信息化建设，2020(7): 39-41.

对劳动力市场的就业总量和就业结构产生深刻影响[1]。产业数字化推动实体经济发生深刻变革，工业互联网、智能制造、平台经济、共享经济等数字化新模式不断涌现，推动传统产业组织形态、用工模式、用工理念发生根本性的变化，技术化、智能化、服务化、个性化的工作岗位替代了许多低技术含量的工作岗位，传统意义上由低人力资本结构特征的劳动者胜任的劳动分工位置，也越来越多让渡于人工智能[2]。麦肯锡全球研究院（McKinsey Global Institute）发布的报告写道，"复杂的算法可以替代全球约1.4亿全职知识工作者……趋势很明显：计算机在大量的认知性任务中越来越多地挑战人类劳动"。不过，当前数字经济与劳动力之间的替代关系反映为"补位式替代"，而不是"挤出式替代"[3]。随着数字技术及其应用的快速发展，数字产业化带来的新产业、新业态层出不穷，催生了基于数据驱动和平台支撑的新就业形态，新职业不断增加。《中华人民共和国职业分类大典（2022年版）》首次标识了97个数字职业，占职业总数的6%，对于就业岗位的数量增长形成补偿效应。德国联邦职教所的企业行业问卷调查结果显示，经济数字化转型对所有职业均产生较大影响，各种职业实践中与数字技术相关的工作内容比重显著上升[4]。

## 二、职业教育需要增强对数字经济的外部适应性

2021年12月，国务院印发《"十四五"数字经济发展规划》，提出到2025年，我国数字经济迈向全面扩展期，数字经济核心产业增加值占GDP比重达到10%。与快速扩张的数字经济规模相比，我国数字人才面临着严峻的短缺形势，有关报告指出，当前我国数字人才缺口为2500万~3000万人，且缺口仍在持续放大[5]，数字领域巨大的人才缺口成为制约我国数字经济发展的核心瓶颈[6]。2022年10月7日，中共中央办公厅、国务院办公厅印发《关于加强新时代高技能人才队伍建设的意见》，再次强调职业学校在培养高技能人才方面的基础性作用。

《中共中央关于制定国民经济和社会发展第十四个五年规划和二〇三五年远景目标的建议》中明确提出"增强职业教育适应性"，《职业教育提质培优行动计划（2020—2023年）》进一步明确内涵，即"主动适应科技革命和产业革命要求"。数字技术革命和数字产业变革背景下，职业教育适应性即在数字经济环境中演化变迁的外显形态[7]，首先表现在适应经济数字化转型对劳动力市场变革的影响，即要培养数字经济发展所需的数字人才。数字经济对劳动力素质与结构产生的新要求重塑了职业教育人才培养体系。

从职业教育教学目标看，数字经济发展需要的人才不完全是传统意义上的信息通信技术（information and communication technology，ICT）专业技能人才，还应包括与ICT专

---

[1] 俞伯阳. 数字经济对我国劳动力就业结构与就业质量的影响研究[D]. 天津：天津财经大学，2021.
[2] 李英муль，冯珺. 数字经济与劳动力市场研究综述[J]. 企业改革与管理，2019(19): 5-7.
[3] 陈秋霖，许多，周羿. 人口老龄化背景下人工智能的劳动力替代效应——基于跨国面板数据和中国省级面板数据的分析[J]. 中国人口科学，2018(6): 30-42, 126-127.
[4] 许远. 适应数字经济发展实现高质量充分就业和体面劳动——面向新时代的我国数字技能开发策略及展望[J]. 教育与职业，2023(3): 59-67.
[5] 人瑞人才，德勤中国. 产业数字人才研究与发展报告（2023）[M]. 北京：社会科学文献出版社，2023.
[6] 韩晶，孙雅雯，陈曦. 后疫情时代中国数字经济发展的路径解析[J]. 经济社会体制比较，2020(5): 16-24.
[7] 郭璇瑄，陶红. 数字经济赋能职业教育适应性研究[J]. 贵州师范大学学报（社会科学版），2022(1): 65-74.

业技能互补协同的跨界人才[1]。前者对应数字产业化需求,后者对应产业数字化需求。已有研究表明,当前适应数字经济发展的人才结构供需不匹配,特别是当前劳动力市场中数字人才以ICT专业技能人才为主,专业背景主要集中在计算机科学、软件工程、电气和电子工程,85%以上的数字人才分布在产品研发类[2],而在面向作为数字经济核心产业的产业数字化相关经济活动中,兼具数字技术和产业经验的复合人才供远小于求。数字技术促进信息要素在不同经营主体和不同行业之间流动,产业发展呈现多元化、立体化、开放化,推动了产业跨界融合的发展趋势[3],对从业者职业能力的数字化、专业化、综合度提出了更高的要求,职业教育人才培养的专业边界越来越模糊,人才培养的目标不断丰富。数字经济所需要的技能人才,一方面需要具备ICT相关的数字技能,包括可以运用数字技术进行战略制定、研发、制造、运营和营销的能力[4]。其中,作为数字经济全新的、关键的生产要素,数据贯穿于数字经济发展的全部流程,学会数据采集、评估、处理与应用,支撑实现决策智能也是数字人才培养的重要能力目标;另一方面,需要拥有从事具体产业与行业的专业知识与技能,以及面对数字技术不断创新带来的新就业形态和职业的不断更迭,需要具备较高的学习迁移能力和职业迁移能力等短时间内尚无法被人工智能完全替代的劳动力素质,以应对随时可能面临的职业替代效应。

从职业教育的教学内容（中观层面即专业设置）看,职业教育专业与职业存在紧密关系,虽然两者不存在一一对应关系,但是职业教育专业划分的基础与相关职业在职业资格（包括专业知识、专业技能）界定方面具有一致性,职业教育专业培养目标制定的依据与相关职业在职业功能方面具有一致性,专业教学过程的实施与相关职业在劳动过程、工作环境和活动空间（职业情境）方面具有一致性[5]。因此,一方面,面向数字产业化产生的职业补偿效应,职业教育专业目录也应该具备相应的补充更新机制,及时跟进设置甚至超前布局面向新职业的相关新兴专业,避免职业教育培养的人才类型结构落后于产业结构,成为掣肘数字经济高质量发展和职业教育技能人才充分就业的阻碍。另一方面,产业数字化背景下传统产业与新技术深度融合,相关职业的职业资格及其劳动过程与职业情境发生重大变化,对职业教育专业设置也提出进一步调整需要。"人工智能+""智慧+""数字技术+"传统产业的数字技术融合专业改革需求层出不穷,职业教育专业设置应随着新技术的不断涌现与加速发展持续更新。

从职业教育的教学模式来看,情境是职业教育的核心要素之一,基于职业情境的行动导向学习是职业教育教学的突出特点。因此,增强职业教育适应性,不仅是将数字技术作为教学的目标和内容,更应融入教学的环境,成为培养数字经济发展所需数字技术技能人才的手段和方法。正如杜威所言,知识只能在应对环境并力图控制环境的经验的基础上被个别地揭示出来[6]。学生在利用数字技术学习的过程中,进一步理解和掌握职业所需相关数字技能。

---

[1] 陈煜波,马晔风.数字化转型:数字人才与中国数字经济发展[M].北京:中国社会科学出版社,2020:50.
[2] 陈煜波,马晔风.数字化转型:数字人才与中国数字经济发展[M].北京:中国社会科学出版社,2020:56.
[3] 北京市社会科学院.北京蓝皮书:北京数字经济发展报告（2021—2022）[M].北京:社会科学文献出版社,2022.
[4] 陈煜波,马晔风.数字化转型:数字人才与中国数字经济发展[M].北京:中国社会科学出版社,2020:50-51.
[5] 姜大源.论职业教育专业的职业属性[J].职业技术教育,2002,23(22):11-12.
[6] 约翰·杜威.确定性的寻求[M].傅统先,译.北京:商务印书馆,2005.

# 第二节　职业教育数字化转型的内部适应性

## 一、教育数字化是新时代教育高质量发展的内在需要

党的二十大报告提出："推进教育数字化。"习近平总书记在中央政治局第五次集体学习时强调，教育数字化是我国开辟教育发展新赛道和塑造教育发展新优势的重要突破口。纵观人类历史，我们可以发现，科技始终是推动教育变革的关键力量。随着新一轮科技革命和产业变革深入发展，数字技术愈发成为驱动人类社会思维方式、组织架构和运作模式发生根本性变革、全方位重塑的引领力量[1]。教育部部长怀进鹏在联合国教科文网站发表文章指出，教育变革要以数字化为杠杆。数字化是未来发展的重要趋势和推动教育变革的重要力量，新冠疫情加速了全球教育数字化步伐。数字化转型已成为世界范围内教育转型的重要载体和方向，各国纷纷出台国家数字化发展战略，包括行动计划、指南、战略方案、指导意见、标准与规范等，涵盖技术能力建设、数字能力发展、治理体系转型、业务转型与创新、战略与价值转变等多个方面，如表1-1所示。

表1-1　近年来各国际组织和国家教育数字化部分政策摘选

| 来　源 | 政　策　名　称 | 时间 |
| --- | --- | --- |
| 联合国教科文组织 | UNESCO Education 2030 Agenda（教育2030行动框架） | 2015 |
| | UNESCO Strategy on Technological Innovation in Education (2022—2025)（教育技术创新战略（2022—2025）） | 2021 |
| | AI and Education：guidance for policy-makers（人工智能与教育：政策制定者指南） | 2021 |
| | guidance for generative AI in education and research（教育与研究领域生成式人工智能指南） | 2023 |
| 欧盟 | European Framework for the Digital Competence of Educators（欧洲教育者数字能力框架） | 2017 |
| | Digital Competence Framework for the European Schools（欧盟学校数字能力框架） | 2020 |
| | Digital Education Action Plan（2021—2027）（欧盟2021—2027数字教育行动计划） | 2021 |
| 国际电信联盟 | The Digital Transformation of Education: Connecting Schools, Empowering Learners（教育的数字化转型：连接学校，赋能学习者） | 2020 |
| 国际大学联盟 | Transforming Higher Education in a Digital World for the Global Common Good（数字化世界中的高等教育转型，为全球共同利益） | 2020 |
| 经济合作与发展组织 | OECD Digital Education Outlook 2021（2021年数字教育展望） | 2021 |
| 加拿大 | The Pan-Canadian AI Strategy（泛加拿大人工智能战略） | 2017 |
| | Digital Action Plan for Education and Higher Education（教育与高等教育数字化行动计划） | 2018 |

---

[1]　怀进鹏.数字变革与教育未来——在世界数字教育大会上的主旨演讲[DB/OL]. (2023) [2024-2-15].http://www.moe.gov.cn/jyb_xwfb/moe_176/202302/t20230213_1044377.html?eqid=ddf24f300004e01e000000036426532a.

续表

| 来源 | 政策名称 | 时间 |
|---|---|---|
| 韩国 | （智能信息社会背景下中长期教育政策方向和战略） | 2016 |
| | Sixth Basic Plan for Education Informatization (2019—2023)《教育信息化基本计划（2019—2023）》 | 2019 |
| | （数字驱动教育改革计划：释放教育中个性化学习机会） | 2023 |
| 美国 | Connect ED | 2013 |
| | Reimagining the Role of Technology in Education: National Education Technology Plan（重塑技术在教育中的作用：国家教育技术计划） | 2017 |
| | Artificial Intelligence and the Future of Teaching and Learning: Insights and Recommendations（人工智能与教学的未来：愿景与建议） | 2023 |
| 英国 | Realising the Potential of Technology in Education: A Strategy for Education Providers and the Technology Industry（实现教育技术的潜力：教育提供者和技术产业的战略） | 2019 |
| 阿根廷 | Programa Conectar Igualdad（通向平等项目） | 2010 |
| 德国 | Bildung in der digitalen Welt（数字世界的教育） | 2016 |
| | Der DigitalPakt Schule 2019—2024（学校数字协定） | 2019 |
| | Digital Future: Learning Research Knowledge（数字未来：学习研究知识） | 2019 |
| 法国 | Le plan numérique pour l'éducation（教育数字化计划） | 2015 |
| | Les territoires Numériques Educatifs（教育数字领地） | 2021 |
| 意大利 | National Plan for Digital Education（国家数字教育计划） | 2015 |
| 挪威 | Digitalisation strategy for the higher education sector 2017—2021（高等教育数字化战略 2017—2021） | 2017 |
| | Digitaliseringsstrategi for grunnopplæringen 2017—2021（基础教育数字化战略 2017—2021） | 2017 |
| | Action Plan for Digitalisation in Higher Education and Research 2019—2021（高等教育与研究数字化行动计划 2019—2021） | 2019 |
| 澳大利亚 | Digital Strategy for Education 2022 to 2025（数字教育战略 2022—2025） | 2022 |
| 荷兰 | Digitization Agenda for Primary and Secondary Education（中小学教育数字化议程） | 2019 |
| 俄罗斯 | Современная цифровая образовательная среда в Российской Федерации（俄罗斯联邦的现代数字教育环境项目） | 2016 |
| | Цифровая образовательная среда（数字教育环境项目） | 2019 |
| 波兰 | The Digitalisation of Polish Education. Visions and Proposals（波兰教育数字化：愿景与建议） | 2016 |
| | Digital Competence Development Programme（2020—2030）（数字能力发展项目（2020—2030）） | 2020 |
| 爱尔兰 | Digital Strategy for Schools 2015—2020: Enhancing Teaching, Learning and Assessment（学校数字战略 2015—2020：促进教学、学习和评估） | 2015 |
| | Digital Strategy for Schools to 2027（2027 年学校数字化战略） | 2022 |
| 希腊 | Digital Skills for Digital Greece（数字希腊的数字技能） | 2019 |

续表

| 来源 | 政策名称 | 时间 |
|---|---|---|
| 中国 | 《教育信息化十年发展规划（2011—2020年）》 | 2012 |
| | 《职业院校数字校园建设规范》 | 2015 |
| | 《教育信息化"十三五"规划》 | 2016 |
| | 《教育信息化2.0行动计划》 | 2018 |
| | 《教育部办公厅关于开展人工智能助推教师队伍建设行动试点工作的通知》 | 2018 |
| | 《中国教育现代化2035》 | 2019 |
| | 《高等学校数字校园建设规范（试行）》 | 2021 |
| | 《关于推进教育新型基础设施建设构建高质量教育支撑体系的指导意见》 | 2021 |
| | 《国家智慧教育公共服务平台接入管理规范（试行）》 | 2022 |
| | 《直播类在线教学平台安全保障要求》教育行业标准 | 2022 |

我国一直以来高度重视教育数字化，党的十八大以来，始终把信息技术摆在教育现代化的战略地位。2012年，教育部发布《教育信息化十年发展规划（2011—2020年）》，2016年制定《教育信息化"十三五"发展规划》，教育信息化的顶层设计不断增强。2018年，我国教育信息化从1.0时代进入2.0时代，为引领推动教育信息化转段升级，教育部研究制定了《教育信息化2.0行动计划》，提出通过实施教育信息化2.0行动计划，到2022年基本实现"三全两高一大"的发展目标。2022年，随着教育信息化进入数字化转型新阶段，我国全面实施国家教育数字化战略行动，上线世界最大的教育资源库——国家智慧教育公共服务平台，包含国家中小学智慧教育平台、国家职业教育智慧教育平台、国家高等教育智慧教育平台三大平台，集成海量优质教学资源，覆盖德智体美劳全部五育内容。当前访问用户覆盖了全球200多个国家和地区，平台访问总量超过330亿次，访客量超22亿人次。国家智慧教育平台因此获得了2022年度联合国教科文组织教育信息化奖。用联合国教科文组织助理总干事贾尼尼的话说，"中国的国家智慧教育平台是确保公共数字学习平台普遍访问和有效使用的杰出举措，向世界展示了如何利用数字技术使教学和学习更加普及，为全球数字教育变革提供了有益经验"。2023年、2024年，我国持续举办世界数字教育大会，教育数字化已经上升为国家教育战略，数字技术对教育高质量发展的放大、叠加、倍增的效应持续溢出。

## 二、职业教育数字化是教育数字化转型的关键组成部分

教育部《教育信息化十年发展规划（2011—2020年）》中指出："职业教育信息化是培养高素质劳动者与技能型人才的重要支撑，是教育信息化需要加强的薄弱环节。"我国职业教育数字化历经五个发展阶段。2005年前，以发展现代远程职业教育为目标，鼓励职业教育教学资源和多媒体教育软件建设，加快专业课信息化改造。2006—2012年，在《关于实施国家示范性高等职业院校建设计划 加快高等职业教育改革与发展的意见》中提出"由中央财政安排经费支持研制共享型专业教学资源库"之后，教学资源库成为职业教育信息化发展的一条主线，并初见规模。2012—2017年，我国职业教育信息化进入较为明

确而全面的规划阶段。《教育信息化十年发展规划（2011—2020年）》专门用了一章（第五章《加快职业教育信息化建设，支撑高素质技能型人才培养》）来突出信息化在职业教育改革和发展中的重要作用。同年，教育部印发《关于加快推进职业教育信息化发展的意见》。2014年是影响中国职业教育改革和发展的关键一年。5月2日国务院发布了《国务院关于加快发展现代职业教育的决定》；6月16日教育部等六部委联合发布了《现代职业教育体系建设规划（2014—2020年）》；10月教育部印发《高等职业院校创新发展行动计划（2015—2018年）》。2015年《职业院校数字校园建设规范》发布。2016年教育部出台《教育信息化"十三五"规划》；2017年教育部再次印发《关于进一步推进职业教育信息化发展的指导意见》。2018年至2022年，随着《教育信息化2.0行动计划》的实施，从加强职业院校信息化基础设施建设，到健全全专业的数字化资源，再到完善数字化课程体系，以及加强教师信息技术应用培训、师生企业实习/实践信息化管理平台建设等，我国职业教育信息化得到快速发展。围绕国家层面职业教育信息化相关政策的落实，有关主管部门以及相关院校实施了一系列重大举措，包括自2010年创办的职业院校信息化教学大赛，2010年启动的国家级职业教育专业教学资源库项目，以及2015年实施的全国职业院校数字校园建设实验校项目，极大地促进了职业教育信息化的发展。2022年，随着我国教育信息化迈入数字化转型新阶段，职业教育数字化成为新时期职业教育信息化的主要方向，是教育数字化转型的重要组成部分。国家职业教育智慧教育平台作为国家智慧教育公共服务平台的重要组成部分，目前已上线专业教学资源库1173个，在线精品课6700余门，视频公开课2200余门，覆盖专业近600个，215个示范性虚拟仿真实训基地培育项目分布全国，助力培养技术技能人才，服务学生的全面发展和经济社会高质量发展。

## 三、混合教学是推动职业教育数字化的关键举措

广泛应用线上线下混合教学，促进自主、泛在、个性化学习一直以来都被作为提升职业教育信息化水平的重要内容。巴布森调查研究集团与斯隆联盟共同发布的《2002—2003学年美国在线教育质量报告》就已显示，93%的被调研教学主管认为将会采用某种形式的混合教学[1]，美国培训与发展协会将混合教学列为知识传播产业中涌现的最重要的十大趋势之一，美国新媒体联盟《地平线报告（高等教育版）》近年来也将混合教学列为教育信息化发展的五大方向之一[2]。当前，国内不少院校都将推动混合教学作为教育数字化转型的方向。2023年，世界数字教育大会上，教育部部长怀进鹏在主旨演讲中提到"依托平台，全国有接近55%的职业学校教师开展混合式教学，探索运用虚拟仿真、数字孪生等数字技术和资源创设教学场景，解决实习实训难题"。比如，湖南汽车工程职业学院探索在5G环境下"C+R"远程操控、真场执行的实训方法，学生可随时随地通过远程发出操作指令完成实训任务。

---

[1] Allen I E, Seaman J. Sizing the Opportunity: The Quality and Extent of Online Education in the United States, 2002 and 2003[J]. Sloan Consortium (NJ1), 2003, 36(23): 659-673.

[2] 黄月，韩锡斌，程建钢. 混合教学改革的阶段性特征与实施效果偏差分析[J]. 现代远程教育研究，2017(5)：69-77.

但是当前职业教育课程混合教学设计存在学习单元不够规范、教学目标不够具体、教学任务不够典型、混合性不够突出等诸多问题[1]。教学设计是连接教学理论与教学实践的桥梁[2]，职业院校课程混合教学设计的质量决定了职业教育混合教学的实践效果。然而，当前可以指导职业教育课程混合教学设计的理论研究成果缺乏，现有职业教育课程混合教学研究多为一线教师结合具体课程的应用性研究[3]。对已有教学设计模型与混合教学设计模型的分析发现，仅有面向复杂技能训练的四要素教学设计模型相对较为符合职业教育技术技能人才培养需要，但是该模型没有考虑职业教育数字化转型背景下线上线下混合教学设计的特点，而其他现有教学设计模型与混合教学设计模型均基于知识体系的课程，没有考虑职业教育的类型特色。与普通教育相比，职业教育具有其特殊性，职业教育是由实践情境构成的以过程逻辑而不是学科知识逻辑为中心的行动体系，是培养职业型人才的一条主要途径，其课程开发基于工作过程，教学以行动为导向[4]。因此，以学科知识逻辑为中心的面向普通教育的教学设计模型和混合教学设计模型无法指导职业教育课程混合教学实践。同时具备职业教育类型特色和体现数字时代混合教学优势的教学设计模型的缺乏，致使职业院校教师在混合教学设计时缺乏相应支持，出现了诸多问题，职业教育课程混合教学质量无法得到有效保障[5]。

那么，如何构建满足职业教育课程混合教学需要的教学设计模型？教学是个多要素的复杂系统，对教学要素的准确认识有助于从整体把握教学结构，从而更好地开展教学设计[6]。因此，正确把握职业教育混合教学要素的内涵及结构关系，对开展体现职业教育类型特色和数字时代混合教学优势的教学设计模型构建研究十分重要。同时，为更好地发挥理论指导实践的作用，基于职业教育课程混合教学设计模型开发相应的教学设计工具也必不可少。本书要在职业教育混合教学要素的认识基础上，探究职业教育课程混合教学设计的理论模型，并开发相应教学设计工具，为职业院校教师开展课程混合教学设计提供支持，以保证职业教育课程混合教学质量，从而推动职业教育适应数字化转型的高素质技术技能人才培养需要。

# 第三节 职业教育课程混合教学设计的核心概念界定

## 一、职业教育课程

《教育大辞典》把职业教育定义为：传授某种职业或生产劳动必需的知识、技能的教育[7]。《职业教育学新编（第3版）》中将职业教育定义为：职业教育是为适应经济社会发展

---

[1] 谭永平,唐春生,刘逸.高职院校混合式课程教学设计的要素与策略[J].教育与职业,2019(12上):82-86.
[2] 何克抗.教学设计理论与方法研究评论(上)[J].电化教育研究,1998(2):3-9.
[3] 王雯,韩锡斌.工作过程导向的职业教育课程混合教学设计[J].中国职业技术教育,2020(5):68-78.
[4] 姜大源.职业教育要义[M].北京:北京师范大学出版社,2017.
[5] 王雯,韩锡斌.职业院校课程混合教学设计的现状分析[J].教育与职业,2020b(9):95-100.
[6] 张楚廷.教学要素层次论[J].教育研究,2000(6):65-69.
[7] 顾明远.教育大辞典[M].上海:上海教育出版社,1998.

的需要和个人就业的要求，对受过一定教育的人进行职业素养，特别是职业能力的培养和训练，为其提供从事某种职业所必需的实践经验的一种教育[1]。《国际教育词典》提出职业教育是指在学校内或学校外，提高职业熟练程度而进行的全部活动[2]。本书所涉及的职业教育，特指学校内的职业教育，即给予学生从事某种生产劳动所需的职业能力的教育，包括高等职业教育和中等职业教育。职业教育课程即职业学校为学生职业能力发展而开设的课程，是学校职业教育教学计划、教学大纲及教材所规定的全部教学内容和全部教学活动的总和。

## 二、混合教学

混合学习是指将面授学习与在线学习的优势相融合，以达到有效学习的一种学习模式，其基本理念是在"适当的"时间，将"适当的"学习技术与"适当的"的学习风格相契合，向"适当的"学习者传递"适当的"能力，以获得最优化的学习效果[3]。混合教学则侧重从教学角度来阐述混合式教与学的过程，强调在面授教学与在线教学结合的基础上，对教学系统各要素进行有效混合。混合教学模式是指在混合教育思想、学习理论和教学理论指导下，在混合教学环境中，教学系统各要素在时间上的动态展开形成的较为稳定的教学活动安排。而混合课程是从混合教学、混合学习以及在线课程三者衍生出来的概念，混合课程的课程内容以网络和面授的方式混合传授，并且有相当大比例的在线传授[4]。本书将根据具体语境需要分别采用混合学习、混合教学、混合教学模式、混合课程这四个概念。

## 三、混合教学设计

何克抗[5]提出，教学设计是指对教学系统进行设计，而教学系统总是处于运动变化之中，其表现形式为教学活动程序。《澳大利亚教育词典》中指出，教学设计是指分析学习需要和学习目的，设计最佳教学策略和顺序，为在特定环境里维持教学及评估教学做准备的方法[6]。《中国文体学辞典》认为教学设计是教师为了实现自己的某种教学设想，根据教学大纲和教材内容而拟订的一种教学方案[7]。《远距离开放教育词典》提出教学设计是整个教学过程系统的统筹规划和设计，是教师在教学活动开始之前的重要准备工作[8]。《心理学辞典》则侧重从系统论的角度定义教学设计，认为教学设计是将学与教的原理转换成教学材料和教学活动方案的系统化过程，是教师教学准备工作的重要内容，包括对整体教学体

---

[1] 李向东，卢双盈.职业教育学新编[M].3版.北京：高等教育出版社，2015.
[2] 唐晓杰.《国际教育词典》条目[J].华东师范大学学报(教育科学版)，1993(1)：70，94.
[3] Singh H, Reed C. A White Paper: Achieving Success with Blended Learning [EB/OL]. (2015-9-23) [2020-2-12]. http://www.leerbelieving.nl/wbts/wbt2014/blended-ce.pdf.
[4] 韩锡斌，王玉萍，张铁道，等.迎接数字大学：纵论远程、混合与在线学习——翻译、解读与研究[M].北京：清华大学出版社，2016.
[5] 何克抗.教学设计理论与方法研究评论(上)[J].电化教育研究，1998(2)：3-9.
[6] 王国富，王秀玲.澳大利亚教育词典[M].武汉：武汉大学出版社，2002.
[7] 朱子南，王永健，卞兆明，等.中国文体学辞典[M].长沙：湖南教育出版社，1988.
[8] 谢新观，丁新，刘敬发，等.远距离开放教育词典[M].北京：中央广播电视大学出版社，1999.

系进行的宏观设计和对具体教学活动进行的微观设计,其目的在于实现教学系统的整体优化,提高教学效能[1]。综合上述概念,教学设计是指教师为完成某种教学目标,对教学活动序列及其方法策略进行设计,从而形成最佳教学方案的系统化过程。

Graham 和 Henrie[2] 提出混合教学的设计性研究是指为实现特定的教学目标而建立一个能够支持多个变量混合的教学方案。结合教学设计的概念,混合教学设计是指为实现特定教学目标,将面授教学的优势与在线教学的优势相融合,对教学活动序列及其方法策略进行设计,从而形成多个变量混合的教学方案的系统化过程。

## 四、混合教学设计模型

《当代西方心理学新词典》认为模型是指一种严密表达理论基本结构的方式[3];《信息网络辞典》中提出模型用来描述或表示一个过程或事物[4];《澳大利亚教育词典》提出,在教育研究中或在解释教育现象时,作为简化的方式来描绘教育事件或过程的解释性框架,即为模型,它既可以用图表表示,也可用文字描述[5]。任友群[6]将"模型"作为教学设计的五个研究范畴之一,认为"模型"是对借由研究发现而精制化的某一理论的表征。根据上述定义,教学设计模型即教学设计理论的一种表征,用于描述教学设计过程。同理,混合教学设计模型是指用以描述混合教学设计过程的一种理论框架。

## 五、混合教学设计工具

《当代汉语词典》中提出工具是进行生产劳动时所使用的器具,或比喻用以达到某种目的的事物或手段[7]。据此,教学设计工具是指用以实施教学设计的操作性器具,混合教学设计工具是指用以实施混合教学设计的操作性器具,如混合教学设计单、混合教学设计指南等都可以称为混合教学设计工具。

## 本 章 小 结

本章深入探讨了职业教育在数字时代背景下的演变与挑战。一方面,随着全球经济的转型和信息技术的快速发展,职业教育必须通过数字化转型来适应新的经济形态,即数字

---

[1] 杨治良,郝兴昌.心理学辞典[M].上海:上海辞书出版社,2016.
[2] Picciano G., Dziuban C, D., & Graham C. R. Blended learning: Research perspectives // Graham C. R., Henrie C. R., Gibbons A. S. Developing models and theory for blended learning research[A]. New York, NY: Routledge, 2014(2): 13-33.
[3] 车文博.当代西方心理学新词典[M].吉林:吉林人民出版社,2001.
[4] 李进良,倪健中.信息网络辞典[M].北京:东方出版社,2001.
[5] 王国富,王秀玲.澳大利亚教育词典[M].武汉:武汉大学出版社,2002.
[6] 罗伯特·D.坦尼森,弗兰兹·肖特,诺伯特·M.西尔,等.教学设计的国际观:第1册 理论·研究·模型[M].任友群,裴新宁,高文,译.北京:教育科学出版社,2005.
[7] 莫衡,等.当代汉语词典[M].上海:上海辞书出版社,2001.

经济。另一方面，新冠疫情加速了全球教育数字化步伐，数字化转型已成为世界范围内教育转型的重要载体和方向，职业教育数字化转型是教育数字化转型的重要组成部分。本章分为三节，第一节强调职业教育需要增强对数字经济的外部适应性。数字经济通过补偿效应与替代效应显著改变了劳动力市场，促进了产业与劳动形态的变革，这要求职业教育培养出能够适应这一变革的数字技术技能人才。第二节讨论职业教育需要增强对教育系统的内部适应性，国家教育数字化战略行动等凸显了教育数字化对开辟教育发展新赛道、塑造教育发展新优势的重要性，迫切要求职业教育数字化转型。第三节专注于职业教育混合教学的核心概念界定，提出混合教学是推动职业教育数字化的关键举措。

# 第二章　职业教育课程混合教学设计的理论基础

本章主要围绕混合教学、教学设计模型、职业教育课程与教学进行系统的文献梳理，分析混合教学的内涵及其研究进展，总结教学设计及混合教学设计的经典模型，梳理职业教育典型的课程开发模式及教学模式。

## 第一节　混合教学的研究与发展

### 一、混合教学的整体研究概况

#### （一）国内研究进展

以"混合学习""混合教学""混合课程""混合教育""混合式学习""混合式教学"为中文关键词在中国知网按标题进行检索，截至2024年2月21日，共得到中文期刊文献33127篇（其中北大核心、CSSCI来源期刊论文1404篇）、硕博论文1549篇。近20年的中文论文发表趋势如图2-1所示，可以发现，国内混合教学研究的热度自2004年至2021年，基本呈现逐年上升趋势，其中2014年至2021年增速明显，2022年之后呈缓慢下降趋势。

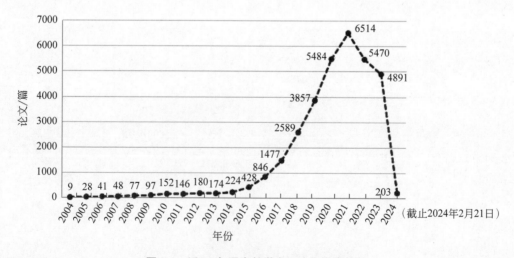

图 2-1　近 20 年混合教学中文论文发表趋势

对混合教学中文文献进行关键词的词频分析，出现频率前10的关键词（除"混合学习""混合教学""混合课程""混合教育""混合式学习""混合式教学"外）如表 2-1 所示。

表 2-1 混合教学中文文献高频词

| 序号 | 关 键 词 | 词频 | 序号 | 关 键 词 | 词频 |
| --- | --- | --- | --- | --- | --- |
| 1 | 混合式教学模式 | 8594 | 6 | 线上线下 | 1689 |
| 2 | 混合教学模式 | 3377 | 7 | 大学英语 | 1436 |
| 3 | 线上线下混合式教学 | 2875 | 8 | 混合式教学改革 | 1113 |
| 4 | 教学中的应用 | 1848 | 9 | 线上线下混合教学模式 | 851 |
| 5 | 教学模式 | 1720 | 10 | 翻转课堂 | 815 |

通过"混合式教学模式""混合教学模式""教学模式""线上线下混合教学模式"等高频词，可以发现国内混合教学的研究，在概念使用上更多倾向于"混合教学"，而不是"混合学习"；混合教学更多定位为一种教学模式，其中基于"翻转课堂"的混合教学模式是研究的热点。而"线上线下混合式教学""线上线下"与"线上线下混合教学模式"等高频词，说明混合教学是一种将线下课堂教学与在线学习结合的模式，研究者需要同时关注这两部分。此外，"大学英语"作为出现频率前十的关键词，说明国内有较多研究者关注混合教学在大学英语课程中的应用。

混合教学的 33127 篇中文期刊论文和 1549 篇硕博论文中，分别有 3476 篇期刊论文（其中北大核心期刊、CSSCI 来源期刊论文 94 篇）和 259 篇硕博论文为职业教育混合教学研究。职业教育混合教学中文文献中出现频率前 10 的关键词（除"混合学习""混合教学""混合课程""混合教育""混合式学习""混合式教学"外）分别为：混合式教学模式（1453）、高职院校（604）、高职英语（420）、教学中的应用（373）、混合教学模式（371）、教学模式（242）、线上线下（218）、混合式学习模式（127）、混合式教学改革（123）、线上线下混合教学模式（119）。职业教育混合教学研究主要聚焦为混合教学模式在职业教育特定专业特定课程中的应用研究。

## （二）国际研究进展

以"blended learning""blended instruction""blended teaching""blended education""blended course""b-learning""hybrid learning"为英文关键词在 Web of Science 核心文献库按标题进行检索，截至 2024 年 2 月 21 日，共得到英文文献 15467 篇。近 20 年的发文趋势如图 2-2 所示。总体而言，国外对混合教学的研究呈逐年上升趋势，2022 年的发文数最多，2023 年有所减少。

选取其中引用量最高的 2000 篇混合教学英文文献进行关键词词频分析，出现频率前 10 的关键词（除"blended learning""blended instruction""blended education""blended course""b-learning""hybrid learning"外）如表 2-2 所示。

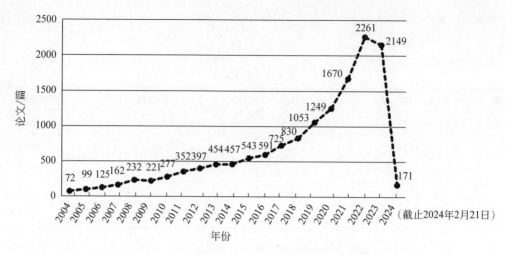

图 2-2 近 20 年混合教学英文期刊论文发表趋势

表 2-2 混合教学英文文献高频词

| 序号 | 关 键 词 | 词频 | 序号 | 关 键 词 | 词频 |
| --- | --- | --- | --- | --- | --- |
| 1 | network/networks | 361 | 6 | prediction | 174 |
| 2 | neural | 278 | 7 | algorithm | 165 |
| 3 | model | 245 | 8 | system | 146 |
| 4 | education | 199 | 9 | performance | 142 |
| 5 | optimization | 191 | 10 | design | 124 |

英文文献中"education"出现频率最高，说明英文文献研究主要聚集在教育学领域。而"neural""algorithm""system"等高频词则说明研究者较为关注混合教学技术环境的开发；"model""design""optimization"等表明混合教学设计及混合教学模式的优化是研究的热点。高频词"network/networks"说明国外学习者在研究混合教学中，更加关注对在线学习部分的研究与设计。与国内研究一样，国外研究者同样关注混合教学中教学主体的行为（performance）及行为预测（prediction）。

15467 篇英文文献中，仅 84 篇文献聚焦职业教育领域。频次前 10 的关键词分别为 education（14）、satisfaction（7）、higher（6）、students（5）、skills（4）、technology（4）、teachers（4）、model（3）、feedback（3）、achievement（3）。可见，英文文献中关于职业教育混合教学的研究，较多关注学生和教师对混合教学的感知，如满意度（satisfaction）、效果（achievement）及反馈（feedback），与中文文献一样的是，同样关注混合教学模式（model）和混合教学的技术环境（technology），与其他类型教育不同的是，职业教育混合教学关注技能（skill）的混合教学。

## 二、混合教学的概念与内涵

混合教学的概念在混合学习的概念基础上形成，侧重从教学角度来阐述混合学习的过程[1]。国内外研究者对混合学习的概念进行了广泛而深入的探讨。Garrison 等人[2]认为混合学习是课堂面对面学习体验与在线学习体验的深度融合。Laster 等人[3]认为混合学习是有计划地、恰当地运用教学法整合在线与传统面对面课堂活动，课程一部分面对面的时间被在线活动所代替。Graham 等人[4]认为混合学习是面对面教学与计算机支持教学的结合。Picciano[5]认为混合学习是以有计划、有教育价值的方式将在线与传统面对面课堂活动相结合。Rosset 等人[6]认为混合学习整合了看似相反的学习方式，如正式学习和非正式学习、面对面教学和在线体验、定向路径学习和自我指导学习，以实现个人和组织目标。李克东和赵建华[7]认为混合学习的核心思想是在教学上采用不同的媒体与信息传递的方式。黄荣怀[8]认为混合学习是将适合传统教学的面对面教学形式与适合自主、能动环境的个别学习为主的E-learning 形式相结合，以发挥彼此优势的学习形式。詹泽慧和李晓华[9]认为混合学习是指面对面教学和计算机辅助在线学习的结合，强调传统面对面环境与基于因特网的学习的混合。

可以发现，上述研究者主要从教学环境的角度对混合学习进行定义，即强调将"面授"与"在线"教学的结合。但部分研究者也指明了混合学习的本质是为实现教学效益即教学目标的最大化。Orey[10]从学习者、教师或教学设计者和教育管理者的角度对混合学习进行概念界定，其核心理念是不同教学主体为实现教学目标，对教学资源（如设备、工具、技术、媒体和教材）进行有效选择、组织与分配。美国培训与发展协会 Singh 等人[11]提出混合学习的根本目的是实现最优化的学习效果与学习方式。这些研究者主要从成本效益的角度，考虑如何面向不同教学主体有效地组织和分配设备、工具、技术、媒体和教材等资源，即从不同要素的有效混合角度对混合学习进行概念界定。

技术发展催生了面授与在线环境相结合的混合教学，其本质是为了实现教学效益即教学目标的最大化。而教学是个多要素的复杂系统[12]，为实现特定教学目标，教学环境的改变必然要求教学各要素均进行相应的调整。因此，需要从教学系统的角度对混合教学进行

---

[1] 韩锡斌，王玉萍，张铁道，等．迎接数字大学：纵论远程、混合与在线学习——翻译、解读与研究 [M]．北京：清华大学出版社，2016．

[2] Garrison D. R, Kanuka H. Blended learning: Uncovering its transformative potential in higher education[J]. The Internet and Higher Education，2004，7(2)：95-105．

[3] Laster S，Qtte G，Picciano A. G，et al. Redefining blended learning[R]. Sloan-C Workshop on Blended Learning，Chicago，IL，2005．

[4] Graham C. R. Blended learning systems: Definition, current trends, and future directions // Bonk C. J, Graham C. R. Handbook of blended learning: Global perspectives, local designs[A]. 2006：3-21．

[5] Picciano A. G. Blended learning: Implications for growth and access[J]. Journal of Asynchronous Learning Networks，2006，10(3)：95-102．

[6] Rossett A，Frazee R. V. Blended learning opportunities [EB/OL]. (2006) [2020-2-12]. http：//www.grossmont.edu/don.dean/pkms_ddean/ET795A/WhitePaper_BlendLearn.pdf．

[7] 李克东，赵建华．混合学习的原理与应用模式 [J]．电化教育研究，2004(7)：1-6．

[8] 黄荣怀，江新，张进宝．创新与变革：当前教育信息化发展的焦点 [J]．中国远程教育，2006(4)：52-58，80．

[9] 詹泽慧，李晓华．混合学习：定义、策略、现状与发展趋势——与美国印第安纳大学柯蒂斯•邦克教授的对话 [J]．中国电化教育，2009(12)：1-5．

[10] Orey M. One year of online blended learning: Lessons learned[J]. Annual Meeting of the Eastern Educational Research Association，2002(b)．

[11] Singh H，Reed C. A. White Paper: Achieving Success with Blended Learning [EB/OL]. (2015-9-23) [2020-2-12]. http：//www.leerbelieving.nl/wbts/wbt2014/blended-ce.pdf．

[12] 张楚廷．教学要素层次论 [J]．教育研究，2000(6)：65-69．

概念界定，即混合教学是指在面授教学与在线教学相结合的基础上，对教学系统各要素进行有效混合，从而实现教学效益最大化。

## 三、混合教学的设计性研究进展

Gibbons 和 Buderson[1] 认为教育领域的研究可以分为探索（explore）、解释（explain）、设计（design）三个层面。探索性研究旨在定义和分类；解释性研究通常被称为科学研究，寻求"解释原因和实现方式"，特别是通过"对原因的实验性调查"；设计性研究即为实现特定的目标结果制订干预计划，并对干预措施进行实验和修订，直到实现该结果。Graham 和 Henrie[2] 根据 Gibbons 和 Buderson 的理论对混合教学的研究进行了分类。混合教学的探索性研究即对混合教学进行定义与分类。混合教学的解释性研究就是探究认知因素、社会因素、教学因素等与学生学习行为的关系。而混合教学的设计性研究则指为实现特定的教学目标而建立一个能够支持多个变量混合的教学方案。

Graham 和 Henrie 对混合教学设计性研究的界定与本书对混合教学的概念界定高度吻合。职业教育课程混合教学设计研究，核心是探究如何为实现职业教育课程教学目标而建立一个能够支持职业教育混合教学各要素有效混合的教学方案。本节将对现有"为实现教学目标而建立一个能够支持各要素有效混合的教学方案"为理念的混合教学设计性研究主要成果进行论述，为开展职业教育课程混合教学设计研究提供参考。

Kerres 和 Witt[3] 认为内容（content）、沟通（communication）、建构（construction）三个要素的不同占比，形成了不同类型的混合教学方案，混合教学方案可以通过学习者参与这三个部分的活动的时间来描述，即混合学习组织三要素模型，如图 2-3 所示。其中"内容"指学习者可以使用的学习材料，包括信息发布及其学习。"沟通"指学习者之间或者学习者与教师之间的沟通交流，包括面对面的沟通和在线远程同步沟通或异步沟通。"建构"则指以个人或合作学习的形式，执行不同复杂程度的学习任务。并不是所有混合教学方案都需要包含所有这三个要素，而基于三要素的混合教学活动如何组织，Kerres 和 Witt 认为明确教学目标是关键，并分别解释了三要素在什么样的教学目标条件下是混合教学方案的必要组成部分。

内容：教学内容包括学习者应该能够回忆起的事实或规则；教学内容可以通过媒体/技术手段进行解释和交流；教学内容应该呈现给学习者；学习教学内容是为"沟通"和"建构"的学习活动而准备，则设计的混合教学方案中需要包含"内容"要素。

沟通：教学内容达到一定的复杂性；需要对理论框架有更深入的理解；知识由不同的相互竞争的概念组成；学生应学会形成、表达和讨论个人观点；学生应该学会参与讨论，在讨论过程中给予和接受反馈，则设计的混合教学方案中需要包含"沟通"要素。

---

[1] Gibbons A. S, Bunderson C. V. Encyclopedia of Social Measurement // K. K. Leonard. Explore, explain, design[A]. New York, NY: Elsevier, 2005: 927-938.

[2] Picciano G, Dziuban C D, Graham C. R. Blended learning: Research perspectives // Graham C. R, Henrie C. R, Gibbons A. S. Developing models and theory for blended learning research[A]. New York, NY: Routledge, 2014(2): 13-33.

[3] Kerres M, C. de Witt. A didactical framework for the design of blended learning arrangements[J]. Journal of Educational Media, 2003(28): 101-114.

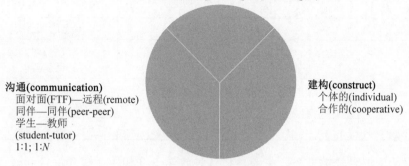

图 2-3　混合学习组织三要素模型

建构：教学目标包括应用知识（不仅是回忆知识）；教学内容包括程序性知识（不仅是陈述性知识），即需要练习；教学内容包括"模糊"知识，则设计的混合教学方案中需要包含"建构"要素。

Valiathan[1] 提出从知识与技能、行为态度、工作场所能力三类教学目标出发，并重点关注教学环境及工具在不同教学环节中的应用，进行多要素混合的教学方案的设计，据此提出了技能驱动型（skill-driven model）、态度驱动型（attitude-driven model）、能力驱动型（competency-driven model）三种混合教学方案，并详细阐述了每一类混合教学方案相应的技术环境。

技能驱动型混合教学方案，主要是结合了学生的自定步调学习和导师或助教的在线教学支持，以发展特定的知识和技能。该类型的混合教学方案主要包括九个环节：①发布公告；②概要讲授；③自定步调学习；④寻找问题解决方案；⑤展示；⑥实践练习；⑦反馈；⑧总结；⑨认证。每一个环节的具体环境及工具设计如表 2-3 所示。

表 2-3　技能驱动型混合教学方案

| 教学环节 | 技术性工具 | 非技术性工具 |
| --- | --- | --- |
| 发布公告 | 课程管理系统（LMS）<br>电子邮件 | 传真<br>邮件<br>电话 |
| 概要讲授 | 电子邮件<br>网络研讨会 | 传统教室 |
| 自定步调学习 | 网络电子辅导教材<br>电子绩效支持系统（EPSS）<br>仿真 | 文章<br>课本<br>工作辅助<br>在职培训 |
| 寻找问题解决方案 | 电子邮件<br>常见问题（FAQ）<br>即时通信 | 面对面会议 |

---

[1] Purnima Valiathan. Blended Learning Models [EB/OL]. (2002) [2020-2-12]. www.learningcircuits.org/2002//.

续表

| 教学环节 | 技术性工具 | 非技术性工具 |
| --- | --- | --- |
| 展示 | 网络会议<br>仿真 | 传统教室 |
| 实践练习 | 仿真 | 任务工作簿 |
| 反馈 | 邮件 | 面对面会议<br>纸质会议报告 |
| 总结 | 邮件<br>网络研讨会 | 传统教室 |
| 认证 | 在线测试 | 纸质测试 |

态度驱动型混合教学方案，主要是将各种教学事件和传播媒介混合起来，以发展特定的行为和态度。该类型的混合教学方案主要包括八个环节：①发布公告；②概要讲授；③自定步调学习；④查找解决方案；⑤评价；⑥合作学习；⑦实践练习；⑧反馈与总结。每一环节的具体环境及工具设计如表2-4所示。

表2-4 态度驱动型混合教学方案（Valiathan, 2002）

| 教学环节 | 技术性工具 | 非技术性工具 |
| --- | --- | --- |
| 发布公告 | 课程管理系统（LMS）<br>电子邮件 | 传真<br>邮件<br>电话 |
| 概要讲授 | 电子邮件<br>网络研讨会 | 传统教室 |
| 自定步调学习 | 网络电子辅导教材<br>电子绩效支持系统（EPSS）<br>仿真 | 文章<br>课本<br>工作辅助<br>在职培训 |
| 查找解决方案 | 电子邮件<br>常见问题（FAQ）<br>即时通信 | 面对面会议 |
| 评价 | 仿真 | 纸质测试 |
| 合作学习 | 网络研讨会<br>聊天室 | 同伴角色扮演 |
| 实践练习 | 仿真 | 同伴角色扮演 |
| 反馈与总结 | 电子邮件<br>网络研讨会 | 传统教室 |

能力驱动型混合教学方案，主要是将行为支持工具与知识管理资源和指导相结合，以发展工作场所的能力。该类型的混合教学方案主要包括六个环节：①分配指导教师；②创建社群；③实践练习；④开展讨论；⑤分解查询；⑥学习建构。每一环节的具体环境及工具设计如表2-5所示。

表 2-5　能力驱动型混合教学方案（Valiathan, 2002）

| 教学环节 | 技术性工具 | 非技术性工具 |
| --- | --- | --- |
| 分配指导教师 | 电子邮件 | 电话 |
| 创建社群 | 互联网或内联网空间 | 学习小组 |
| 实践练习 | 电子邮件<br>论坛<br>仿真 | 面对面会议<br>工作坊<br>电话 |
| 开展讨论 | 论坛<br>聊天室 | 面对面会议<br>工作坊<br>电话 |
| 分解查询 | 电子邮件<br>即时通信 | 面对面会议 |
| 学习建构 | 在知识库中汇编的故事和数据 (LMS/LCMS) | 白皮书<br>方案 |

Graham 和 Robison[1]也提出基于开展混合教学的目的进行多要素混合的教学方案设计，提出了转化型（transforming blend）、增强型（enhancing blend）和使能型（enabling blend）三类混合教学方案，其中增强型又分为两个类型，如表 2-6 所示。

表 2-6　三类混合教学方案

| 序号 | 混合教学类型 | 教学方案 |
| --- | --- | --- |
| 1 | 转化型混合教学 | 范围：大（课程水平或多个教学活动水平混合）<br>目的：改进教学<br>性质：为主动学习提供环境 |
| 2 | 增强型混合教学 | 范围：小（活动水平混合）<br>目的：改进教学<br>性质：提供用于主动学习的环境 |
| 3 | | 范围：任何范围<br>目的：提高生产力<br>性质：提供用于提高教师或学习者生产力的环境 |
| 4 | 使能型混合教学 | 范围：任何范围<br>目的：提供学习机会／便利性<br>性质：提供用于增加学习机会／便利性的环境 |

一些研究人员重点关注混合教学环境的物理结构和教学结构，进行混合教学设计。Rossett 和 Frazee[2]通过将混合教学在企业培训中的应用研究，提出三类混合教学方案，即抛锚式（anchor blend）、书挡式（bookend blend）、场地式（field blend）。抛锚式混合教学方案从一个定义明确的实质性课堂活动开始，接着是独立的学习体验，包括与在线资源的

---

[1] Picciano G., Dziuban C. D. Blended learning: Research perspectives // Graham C. R, Robison R. Realizing the transformational potential of blended learning: Comparing cases of transforming blends and enhancing blends in higher education[R]. Needham, MA: The Sloan Consortium, 2007: 83-110.

[2] Rossett A, Frazee R. V. Blended learning opportunities [EB/OL]. (2006) [2020-2-12]. http://www.grossmont.edu/don.dean/pkms_ddean/ET795A/WhitePaper_BlendLearn.pdf.

互动、结构化的基于工作场所的学习活动、在线学习、诊断和评估。书挡式混合教学方案将教学过程分为三部分：在线或面对面的入门引导、在线或面对面的实质性学习体验、将学习延伸到实践。场地式混合教学方案依赖于真实的工作环境作为学习的关键，当学习者处理真实工作环境中的问题时，可以通过在线共享资源库获取相关资源，与同伴交流分享解决问题的经验、工作产品和思考，并将其与课程材料联系起来。

Twigg[1]通过对高等教育领域进行混合教学设计性研究，提出补充式（supplemental）、替换式（replacement）、商场式（emporium）、自助餐式（buffet）四类混合教学方案，如表2-7所示。

表2-7 四类混合教学方案

| 补充式 | 替换式 | 商场式 | 自助餐式 |
| --- | --- | --- | --- |
| 补充在线学习资源<br>在线测试<br>其他在线学习活动<br>在机房或在家灵活地开展在线学习活动 | 减少课堂教学时间<br>用在线活动代替课堂教学时间<br>在机房或在家灵活地开展在线学习活动 | 取消班级授课<br>用具备丰富在线学习资料的学习资源中心加个人学习助手取代 | 学生自主选择学习 |

美国创见研究所（Innosight Institute）在2008年提出了六类混合教学方案：①面对面驱动式（face to face driver）：教师面对面讲授为主，在线学习为辅；②远程驱动式（online driver）：远程的在线学习为主，面对面教学为辅；③交替式（rotation）：面对面教学与远程在线教学交替进行；④弹性式（flex）：在线学习教学资源，面对面进行小组活动和个别辅导；⑤在线实验室式（online lab）：在面对面课堂上在线学习，教师现场指导；⑥自混合式（self-blend）：完全自主学习，学生自行选择在线学习和面对面教学的活动。

2012年，美国创见研究所[2]通过在K-12教育领域的应用研究，在2008年研究结论的基础上，对混合教学方案进行了进一步优化，提出交替式（rotation model）、弹性式（flex model）、自混合式（self-blend model）和增强虚拟式（enriched-virtual model）四个类型的混合教学方案，其中交替模式又被进一步细化为四种类别，分别是站点交替式（station-rotation model）、实验室交替式（lab-rotation model）、翻转课堂式（flipped-classroom model）与自定义交替式（individual-rotation model），如图2-4所示。

（1）交替式：在课程教学中，学生按照教学时间表进行多种学习形式的交替学习，其中至少有一种学习形式是在线学习，其他学习形式可能包括小组或全班教学、小组项目教学、个别辅导和作业等活动。

- 站点交替式——学生按照教学时间表进行多种基于课堂的学习形式的交替学习，其中至少有一种是在课堂内进行在线学习。
- 实验室交替式——学生按照教学时间表在校园内的不同场地进行交替学习，其中至少有一个场地是用于在线学习的实验室，而其他场地则容纳其他学习方式。
- 翻转课堂式——学生按照教学时间表在校园内面对面的教师指导的实践（或项目）

---

[1] Twigg C. A. Improving learning and reducing costs: New models for online learning[J]. Educause Review，2003，38(5)：28-38.
[2] Staker H，Horn M. B. Classifying K-12 blended learning [EB/OL]. (2012) [2020-2-12]. http：//www.innosightinstitute.org/innosight/wp-content/uploads/2012/05/Classifying-K-12-blended-learning2.pdf.

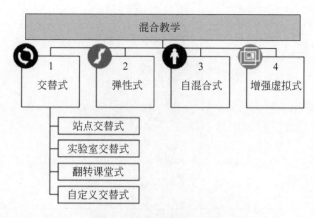

图 2-4　多种混合教学方案

教学和放学后远程（通常在家）在线教学中交替学习。翻转课堂模式下教学内容的传递和学习的开展主要是在线上，与只在线做家庭作业的教学方案不同。

- 自定义交替式——学生按照自定义的教学时间表进行多种学习形式的交替学习，其中至少有一种学习形式是在线学习。自定义交替式也不要求学生必须到所有学习场所参与所有学习形式。

（2）弹性式：教学内容的传递和教学活动的开展主要在线进行，学生可以采用不同学习方式进行个性化的、灵活的学习安排。教师可以通过小组教学、小组项目和个人辅导等活动，根据学生需要灵活、适应性地提供面对面的支持。一些弹性式混合教学可能有大量的面对面的教师支持活动，以补充在线学习的不足，而另一些则可能提供很少的面对面教学。

（3）自混合式：学生选择一门或多门课程完全在线学习，来补充传统课程学习的不足。自混合式不同于纯在线学习模式，因为它不是一个完整的学习体验，学生自己选择学习的在线课程，要与在校园里师生面对面学习的其他课程相混合，从而形成一个完整的学习过程。

（4）增强虚拟式：学生在每门课程学习中，把时间分为两部分，一部分是在实体校园学习，另一部分是通过在线学习资源和学习活动进行远程学习。开展增强虚拟混合教学的一般是网络学院，开发混合课程是为了给学生提供实体学校的体验。增强虚拟式混合教学不同于翻转课堂，因为在增强虚拟式混合教学中，学生很少每天都去实体校园。它也不同于自混合式，因为它是一个完整的学习体验。

Park 等人分析韩国某私立大学 612 门课程在线数据，通过聚类分析，寻找共同的课程特征，提出从课堂面授与在线学习的传播形式、以教师为主导/以学生为中心的教学方法进行混合教学设计，最终形成包括结合大量在线活动的面授为主的混合教学方案，课堂面授为主、结合在线教学资源的混合教学方案，在线讲授为主、结合可选择性的面对面小组活动的混合教学方案，结合小组活动的在线学习为主的混合教学方案四类[1]，如图 2-5 所示。

---

[1] Park Y, Yu J H, Jo I H. Clustering blended learning courses by online behavior data: A case study in a Korean higher education institute[J]. Internet High Educ, 2016, 29: 1-11.

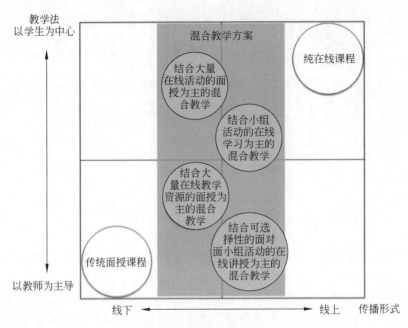

图 2-5　四类混合教学方案

李克东和赵建华[1]将面对面教学分为正式的和非正式的，将在线教学分为同步虚拟协同在线教学和异步虚拟协同在线教学，并根据"教师主导—学生主体"又分为基于指导的和基于发现的。据此提出基于教师面授的混合教学方案与基于学生面对面小组活动的混合教学方案、在线同步混合教学方案与在线异步混合教学方案、基于指导的混合教学方案与基于发现的混合教学方案六种类型，并对其基本组成要素进行了分析，如表 2-8 所示。

表 2-8　六类混合教学方案 [2]

| | | | |
|---|---|---|---|
| 1 | 实时面对面（正式）包括：教师指导的课堂、研讨会、教练/导师、在职培训 | 4 | 虚拟协同/异步包括：电子邮件、在线公告板、邮件列表、在线社区 |
| 2 | 实时面对面（非正式）包括：学生组织之间的联系、工作团队、角色模式 | 5 | 自定步调的学习包括：Web 学习模块、在线资源链接、模拟、基于情节的游戏、视频/音频 CD/VCDs、在线自我测试、练习簿 |
| 3 | 虚拟协同/同步包括：e-learning 课堂实况、电子导师 | 6 | 绩效支持系统包括：帮助系统、打印的工作助手、知识库、文件、绩效/决策支持工具 |

从面向的教育类型与关注的核心要素对上述研究进行总结梳理，如表 2-9 所示。可以发现，当前探究大多为实现课程教学目标而建立一个能够支持各要素有效混合的教学方案的研究，主要面向基础教育、普通高等教育或企业培训，尚未发现面向学校职业教育的相关研究。但是，上述研究成果仍对我们开展职业教育课程混合教学设计研究有所启示。混合教学的两个基本特点——面对面与在线教学结合、教学效益最大化，分别对应了教学环境和教学目标两个要素，这两个要素也正是当前研究者进行混合教学设计时关注的关键要素，这为本书研究多要素混合的职业教育课程混合教学设计提供了思路。此外，企业培训

---

[1][2] 李克东，赵建华.混合学习的原理与应用模式 [J].电化教育研究，2004(7)：1-6.

与学校职业教育的教学目标相似，Rossett 和 Frazee 的知识与技能、行为态度、工作场所能力三个方面的企业培训教学目标设计，也将为职业教育教学目标设计提供参考。

表 2-9　混合教学设计性研究汇总

| 研　究　者 | 教育类型 | 关注的核心要素 |
| --- | --- | --- |
| Kerres 和 Witt | 未区分 | 教学目标、教学活动形式 |
| Valiathan | 未区分 | 教学目标 |
| Graham 和 Robison | 高等教育 | 教学目标 |
| Twigg | 高等教育 | 教学环境 |
| Rossett 和 Frazee | 企业培训 | 教学环境 |
| Innosight Institute | 基础教育 | 教学环境 |
| Park 等 | 高等教育 | 教学环境、教学法 |
| 李克东 | 未区分 | 教学环境、教学法 |

## 第二节　教学设计模型及混合教学设计模型的研究与发展

教学设计模型是对教学设计理论的精致化表征，体现了教学设计的思路与过程，是教学设计的五个研究范畴之一[1]，目前已有不少研究成果。因此，本节将对已有教学设计模型与混合教学设计模型进行梳理，以反映当前教学设计与混合教学设计的研究成果，更重要的是已有教学设计模型与混合教学设计模型可以为本书构建职业教育课程混合教学设计模型提供参考。

## 一、教学设计的经典模型

### 1. ADDIE 模型

ADDIE 模型[2]由佛罗里达州立大学于 1975 年首创，是使用最为广泛的教学设计模型之一，后面其他诸多教学设计模型都是在 ADDIE 模型基础上发展起来的。

ADDIE 模型将教学设计过程分为五个环节，分别为分析（analysis）、设计（design）、开发（develop）、实施（implement）和评价（evaluate），模型即以五个教学设计环节的英文首字母组合命名，如图 2-6 所示。其中分析主要包括学习者分析、教学目标分析和教学内容分析，设计则主要指课程教学活动设计，以及教学效果评价的策略和手段设计等，开发是指根据设计好的课程教学活动框架及评估手段，进行相应的课程资源的开发，实施即课程的教学实施，评价则是指按设计好的评价策略和评价手段对教学实施效果进行评估。

---

[1] 任友群.教学设计发展的新趋势[J].全球教育展望，2005，34(5)：27-30.
[2] Robert K. Branson, Gail T. Rayner, J. L. Cox, et al. Interservice procedures for instructional systems development: Executive Summary and Mode [DB/OL]. (1975) [2020-2-12]. https：//apps.dtic.mil/dtic/ tr/fulltext/u2/a019486.pdf.

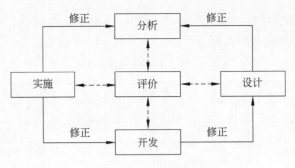

图 2-6 ADDIE 模型

### 2. 肯普模型

肯普模型由 Kemp 在 1997 年提出[1]。Kemp 认为教学包含四个基本要素,即教学目标、学习特征、教学资源和教学评价,基于四个基本要素肯普提出了教学设计的十个环节,如图 2-7 所示。其中最为核心的是确定学习需要和学习目的,同时了解教学的优先条件和限制条件。选择课题与任务、分析学习者特征、预测学生的准备情况和分析学科内容是学习需要和学习目的确定的前提,然后阐明教学目标、利用教学资源开展教学活动,并提供辅助性服务,最终对教学效果进行评价。

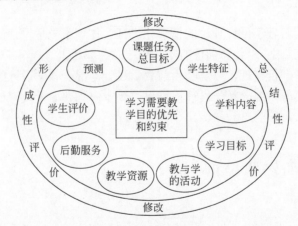

图 2-7 肯普模型

和其他大多数教学系统设计模型不同的是,肯普模型并未用箭头标明十个教学设计环节间的相互关系与优先级,仅将确定学习需要和教学目的置于模型中心,表明该环节的核心地位,并将评价围绕在所有其他环节之外,表明评价贯穿教学过程始终。这样一方面给教学设计者参考该模型造成了理解和实际操作的困难,另一方面也为教学设计者进行教学过程的组织提供了灵活性。

### 3. 迪克 - 凯瑞模型

迪克 - 凯瑞模型最初由 Walter Dick 和 Lou Carey 于 1978 年在他们的著作《教学系

---

[1] Kemp, Jerrold E. The instructional design process[M]. Harper & Row (New York), 1985.

统设计》(The Systematic Design of Instruction) 中提出[1]，因而模型也以两人的名字命名。迪克-凯瑞模型认为教学系统内的各环节都是平行交互进行，而不是线性发生的，它将教学系统设计分为十个环节，如图2-8所示。

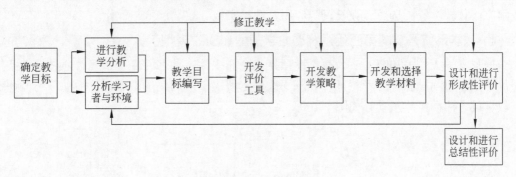

图 2-8　迪克 - 凯瑞模型

### 4. 史密斯 - 雷根模型

史密斯 - 雷根模型[2]是由 Smith 和 Ragan 于《教学设计》(Instruction Design) 一书中提出，该模型是在迪克 - 凯瑞模型基础上，进一步改善形成的，如图2-9所示。

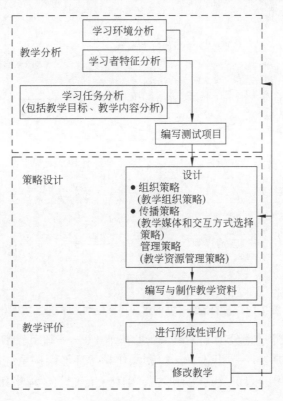

图 2-9　史密斯 - 雷根模型

---

[1] Tsai C. W, Walter Dick, Lou Carey, et al. The Systematic Design of Instruction[J]. 6th Edition. 2004. Interactive Learning Environments, 2016, 24(4): 665-680.

[2] Smith P. L, Ragan T. J. Instructional design[J]. 3rd Ed. Danvers, MA: John Wiley & Sons, 2004.

## 5. ASSURE 模型

ASSURE 模型由 Heinich 等人提出[1]，同 ADDIE 模型一样，ASSURE 模型的命名也由模型定义的各个教学设计环节的英文首字母组合而成，分别是学习者分析、教学目标设计、教学方法和教学资源选择、教学资源应用、教学实施、教学评价与优化。

## 6. 教学系统开发的第四代系统动力学模型（$ISD^4$ 模型）

坦尼森等人[2]（2005）认为教学设计是一个非线性、动态的复杂系统，通过情境条件评价确定学习问题和学习者特征，并基于此确定解决学习问题的教学设计活动，情境评价与教学设计活动持续互动，如图 2-10 所示。

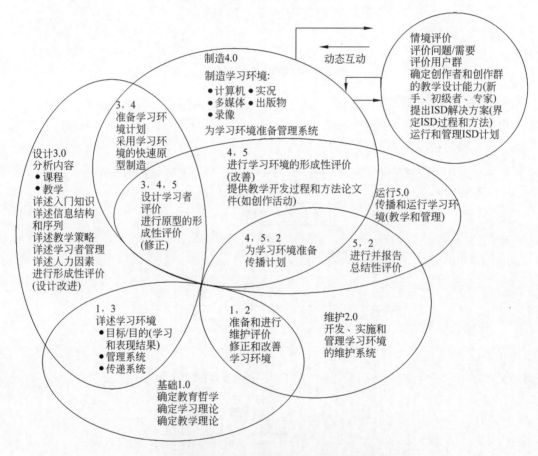

图 2-10　教学系统开发的第四代系统动力学模型 $ISD^4$[3]

该模型将教学设计过程分为五大模块：①基础 1.0——确定教学环境设计的教育哲学和心理学基础；②维护 2.0——开发、运行和操作学习环境维护系统；③设计 3.0——分析教学内容，界定要学习的知识及其呈现形式，确认相应的教学策略和评价方案，建立学习

---

[1] Heinich R, Molenda M, Russell J, et al. Instructional Media and Technologies for Learning[J]. International Journal of Distributed and Parallel Systems, 2012, 3(8).

[2][3] 罗伯特·D. 坦尼森, 弗兰兹·肖特, 诺伯特·M. 西尔, 等. 教学设计的国际观（第 1 册）：理论·研究·模型[M]. 任友群, 裴新宁, 高文, 译. 北京：教育科学出版社, 2005.

环境的细则；④制造 4.0——制造学习环境，为学习环境准备管理系统；⑤运行 5.0——传播和运行教学环境，进行教学和管理。相互作用的七个子模块：①"基础—维护"子模块——持续评价学习环境，并根据维护评价的发现和教学设计领域的新进展，针对学习环境更新教学方案；②"基础—设计"子模块——详述学习目标，确定学习环境的物理条件、学习责任和控制条件，确认教学媒体；③"设计—制造"子模块——准备学习环境设计方案，开发学习环境的原型；④"设计—制造—运行"子模块——开发学习者评价，试用模拟评价并修正完善；⑤"制造—运行"子模块——进行学习环境的形成性评价，准备教学开发过程的文献；⑥"制造—运行—维护"子模块——准备学习环境传播方案；⑦"运行—维护"子模块——进行和报告总结性评价。

### 7. 四要素教学设计模型（4C/ID 模型）

四要素教学设计模型（4C/ID 模型）由荷兰吐温特大学约伦·范梅里恩伯尔和基尔希纳[1]通过一系列关于复杂技能训练的研究项目首创。复杂性技能即指这种技能的获得，学习者需要投入相当多的时间和精力才可达到一种令人满意的掌握水平，并且在表现方面，新手和专家之间有着质的差异。该模型强调给学生提供一套具体的、真实的、面向实际工作实践的整体学习任务，如图 2-11 所示。具体的教学设计过程如下。

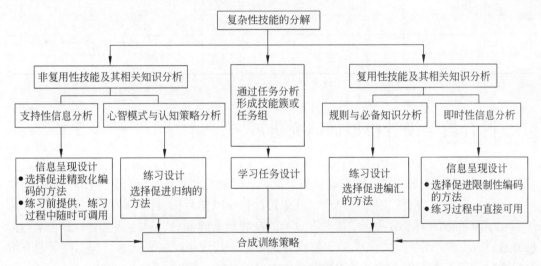

图 2-11 4C/ID 模型[2]

（1）首先将复杂性技能分解为在不同问题情境中以极为类似方式操作的复用性技能和需要在不同问题情境中进行不同操作的非复用性技能。

（2）对每一层级技能进行任务分析，形成一系列面向实际工作的学习任务组。

（3）进行技能及其相关知识的分析，包括对复用性技能和操作复用性技能的即时性信息的分析、对非复用性技能和操作非复用性技能的支持性知识的分析。

（4）进行技能练习设计及相应的信息呈现设计，其中复用性技能的即时性信息主要为技

---

[1] 约伦·范梅里恩伯尔，保罗·基尔希纳. 综合学习设计：四元素十步骤系统方法 [M]. 盛群力，译. 福州：福建教育出版社，2000.

[2] 赵健. 面向复杂认知技能的训练：四要素教学设计模型（4C/ID）述评 [J]. 全球教育展望，2005，34(5): 36-39.

能相关程序、规则,一般在技能训练过程中提供,而非复用性构成技能的支持性信息主要为技能相关理论知识,一般在技能练习前提供。

（5）最后根据实际练习设计与信息呈现设计合成一种训练策略,自下而上更好地满足教学的实际需要。

从面向的教育类型与涉及的主要教学环节对上述教学设计模型进行总结梳理,如表 2-10 所示。可以发现,ADDIE 对于教学设计环节的考量最为全面,包含了分析、设计、开发、实施与评价五个环节,其中分析与设计是所有教学设计模型均包含的环节,开发、实施与评价在部分教学设计模型中未涉及。在面向的教育类型中,几乎所有教学设计模型均是面向普通教育的通用教学设计模型,只有面向技能训练的 4C/ID 模型较为符合职业教育技术技能型人才培养的目标,可以作为职业教育课程混合教学设计的参考模型。

表 2-10 教学设计模型汇总

| 模　　型 | 教育类型 | 主　要　环　节 |
|---|---|---|
| ADDIE | 通用 | 分析、设计、开发、实施、评价 |
| 肯普 | 通用 | （辅助性服务）、分析、设计、实施、评价 |
| ASSURE | 通用 | 分析、设计、实施、评价 |
| 迪克-凯瑞 | 通用 | 分析、设计、开发、评价 |
| 史密斯-雷根 | 通用 | 分析、设计、开发、评价 |
| ISD$^4$ | 通用 | （基础、维护）、设计、开发、实施、评价 |
| 4C/ID | 技能训练 | 分析、设计 |

## 二、混合教学设计模型的研究进展

目前混合教学设计模型的研究成果相对较少,部分学者针对混合教学设计过程进行了分析。Stein 和 Graham[1] 在面向高校进行混合教学研究时提出,混合教学设计是由设计、参与、评价三个环节组成的循环过程,其中设计包括教学目标设计、评价与反馈设计、描述实现学习目标的学习活动、增加学习过程的在线元素四部分,通过学生参与混合学习活动并进行线上线下学习效果评价后,对设计进行进一步优化。韩锡斌等[2] 提出高等教育混合教学设计的基本步骤,将混合教学设计分为前期分析、规划、设计、实施、支持与保障、评估与优化六个环节。其中前期分析包括学习者分析、教学目标及内容分析、课程现状分析、教学环境分析,设计分为确立设计原则、明确设计流程、教学资源的分解与混合设计、教学活动的分解与混合设计。Eagleton[3] 面向高等教育心理学专业教学提出了混合学习干预设计模型,包括确定学习任务需求（通过前测、学习结果和学生档案分析）、设计学习干预（包括开发与传播教学策略、学习策略、评价策略）和评估三部分,如图 2-12 所示。

---

[1] Stein J, Graham C. R. Essentials for blended learning: a standards-based guide. New York: Routledge, 2014.

[2] 韩锡斌, 王玉萍, 张铁道, 等. 迎接数字大学: 纵论远程、混合与在线学习——翻译、解读与研究 [M]. 北京: 清华大学出版社, 2016.

[3] Eagleton S. Designing blended learning interventions for the 21st century student[J]. AJP Advances in Physiology Education, 2017, 41(2): 203-211.

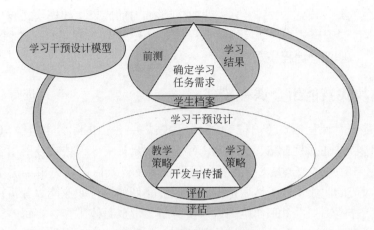

图 2-12　混合教学设计模型

首先，确定学习任务需求，分为三项子任务，包括获取学生的个人档案、对学生进行前测以明确学生学习的基本情况，以及明确学习结果即学习目标。根据学生学习的基本情况和学习目标，最终确定学习任务需求。然后进行学习干预设计，包括教师教学策略、学生学习策略、教学内容开发与传播形式以及教学评价的设计。在确定学习任务需求和学习干预设计后，进入评估环节。与教学干预设计阶段的教学评价设计是对教学成果进行评价不同，评估阶段重点是评价所有步骤是否按计划展开，若发现任何障碍，就进行教学设计的调整和修正，即评估阶段主要是对教学方案在实现过程中进行反馈与微调。

上述混合教学设计的讨论均基于高等教育领域，其教学设计的基本环节也遵循 ADDIE 模型的分析、设计、开发、实施与评价五维框架，但是更多地考虑了教学内容、资源、活动在混合教学环境下的分解与混合。尚未发现专门面向职业教育的混合教学设计模型。

## 第三节　职业教育课程及教学的研究与发展

### 一、职业教育课程开发模式的研究进展

职业教育是国民教育体系和人力资源开发的重要组成部分，肩负着培养多样化人才、传承技术技能、促进就业创业的重要职责[1]。为了更好地实现这一功能，职业教育通过设置不同类型的课程，通过课程实施来实现对人才的培养[2]。因此，职业教育课程内容的组织形式，即课程开发模式的研究是职业教育课程混合教学设计研究的重要组成部分，本节将对已有职业教育课程开发模式进行梳理，为职业教育课程混合教学设计研究奠定基础。

职业教育课程开发模式经历了学科体系课程模式、学科整合课程模式、主题导向课程模式、行动体系课程模式多个发展阶段，其中，职业教育行动体系课程开发模式是真正具

---

[1] 中共中央办公厅，国务院办公厅. 关于推动现代职业教育高质量发展的意见 [EB/OL].（2021）[2024-7-9]. https://www.gov.cn/gongbao/content/2021/content_5647348.htm.

[2] 徐国庆. 职业教育课程论 [M]. 上海：华东师范大学出版社，2015.

有职业教育特色的开发模式[1]，产生了一些较有影响力的成果，如模块式技能组合课程模式[2],[3]、能力本位课程模式[4]、学习领域课程模式[5-7]、工作过程系统化课程模式[8],[9]、项目课程模式[10-12]、职业仓课程模式[13]等。

## （一）模块式技能组合课程模式

模块式技能组合课程模式（简称 MES 课程模式），是由国际劳工组织 70 多名专家经过 14 年努力开发形成的课程模式，于 1983 年开始逐步推广。模块式技能组合课程模式的基本框架如图 2-13 所示。模块式技能组合的课程开发模式以劳动力市场需求为依据，首先明确专业所对应的职业领域，然后依据相应职业领域的岗位职业能力分析，将工作领域分解成不同的工作范围，再对工作范围进一步分解，形成具体工作，将每一工作转换为不同层次和水平的教学模块组合，每一模块即对应一门课程，由不同学习单元组成。通过学习单元的学习最终反向不断形成从事相应职业领域所需的职业能力。

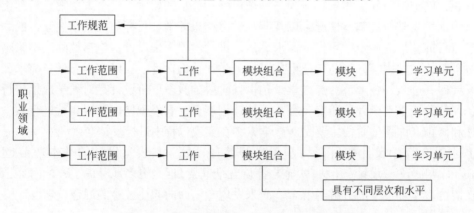

**图 2-13　模块式技能组合课程模式的基本框架**

## （二）能力本位课程模式

能力本位课程模式，顾名思义，即以岗位工作能力分析为起点进行课程开发。根据不

---

[1] 闫智勇，吴全全，徐纯. 职业教育课程模式的演进历程与发展趋势 [J]. 职教论坛，2019(1): 48-55.
[2] 汤百智. 职业教育课程与教学论 [M]. 北京：科学出版社，2015.
[3] 黄艳芳. 职业教育课程与教学论 [M]. 北京：北京师范大学出版社，2010.
[4] 谭移民，钱景舫. 论能力本位的职业教育课程改革 [J]. 教育研究，2001(2): 54-60.
[5] 姜大源. 当代德国职业教育主流教学思想研究：理论、实践与创新 [M]. 北京：清华大学出版社，2007.
[6] 赵志群. 对学习领域课程的认识 [J]. 交通职业教育，2008(4): 1.
[7] 欧盟 Asia-Link 项目"关于课程开发的课程设计"课题组. 职业教育与培训：学习领域课程开发手册 [M]. 北京：高等教育出版社，2007: 3.
[8] 姜大源. 工作过程系统化：中国特色的现代职业教育课程开发 [J]. 顺德职业技术学院学报，2014(3): 1-11, 27.
[9] 石伟平，姜大源，徐国庆，等. 课改论道 [J]. 江苏教育，2009(33): 8-15.
[10] 徐国庆. 职业教育课程论 [M]. 上海：华东师范大学出版社，2015.
[11] 徐国庆. 职业教育项目课程的几个关键问题 [J]. 中国职业技术教育，2007(4): 9-11, 24.
[12] 徐国庆. 职业教育项目课程的内涵、原理与开发 [J]. 职业技术教育，2008, 29(19): 5-11.
[13] 孙善学，杨蕊竹，郑艳秋，等. 职业仓：从职业到教育的分析方法 [J]. 中国人民大学教育学刊，2017(4): 81-110.

同岗位能力确定具体工作,采用DACUM方法进行岗位工作职责分析,并进一步分解形成不同的工作任务,最终通过教学设计将工作任务转换为学习任务。一个任务即一个学习单元,并开发相应的学习包。学习包一般由教师和企业专家共同开发,以把学习过程和工作过程更好地衔接起来,如图2-14所示。

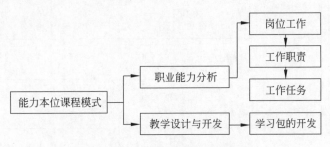

**图 2-14　能力本位课程开发模式**

### （三）学习领域课程模式

学习领域由行动领域转换而来。行动领域即特定职业领域的工作任务的行动总和,学习领域则是对行动领域进行教学语境下的转换。一个学习领域由不同的学习情境即学习单元组成,如图2-15所示。

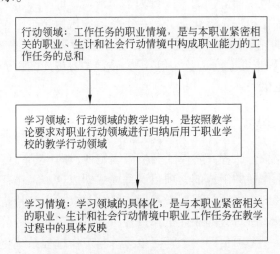

**图 2-15　学习领域课程模式的概念框架**

学习领域课程开发模式分为八大步骤:①分析专业所对应的职业工作过程;②确定该职业的教育教学目标与标准;③确定该职业的行动领域;④描述职业行动领域;⑤在教育教学目标与标准下,进行行动领域的评价与筛选;⑥将筛选后的行动领域转换为学习领域;⑦具体陈述学习领域;⑧将学习领域分解成具体的学习情境(即学习单元)。

### （四）工作过程系统化课程模式

工作过程系统化课程模式是学者姜大源在国外基于工作过程的课程开发模式基础上,结合我国职业教育教学实际提出的课程开发模式,如图2-16所示。

|  | 平行—递进—包容的工作过程 → |
|---|---|

<table>
<tr><td rowspan="5">新手—专家、简单—复杂的工作过程 ↓</td><td></td><td>学习情境1<br>(主题单元)</td><td>学习情境2<br>(主题单元)</td><td>…</td><td>学习情境M<br>(主题单元)</td></tr>
<tr><td>学习领域1<br>(课程)</td><td>资讯、决策、计划、实施、检查、评价</td><td>…</td><td>…</td><td>…</td></tr>
<tr><td>学习领域2<br>(课程)</td><td>…</td><td>…</td><td>…</td><td>…</td></tr>
<tr><td>…</td><td>…</td><td>…</td><td>…</td><td>…</td></tr>
<tr><td>学习领域N<br>(课程)</td><td>…</td><td>…</td><td>…</td><td>资讯、决策、计划、实施、检查、评价</td></tr>
</table>

图 2-16 工作过程系统化课程模式

由图 2-16 可以发现，工作过程系统化课程模式其实是在学习领域课程模式基础上发展起来的。图 2-16 中纵向第一列为学习领域，即课程，学习领域的开发遵循从新手到专家、从简单到复杂的职业发展规律。横向第一行为学习情境，即学习单元。与学习领域课程开发模式的不同在于，工作过程系统化强调每一个学习领域由至少三个学习情境构成，且每一学习情境都是独立的完整的工作过程。各学习情境之间具有"平行"（工作过程难度相同）、"递进"（工作过程难度递增）及"包容"（后置学习单元的工作过程包含前置学习单元的工作过程）三种逻辑关系。

### （五）项目课程模式

通过上述几类职业教育课程开发模式分析可以发现，职业教育课程开发基于工作过程，而工作过程是由不同工作任务组成的，项目课程模式即以这些工作任务为基础进行课程开发。项目课程模式的区别在于项目课程学习后，往往要求学生有特定的产品成果。项目课程开发首先需要确定专业所对应的职业工作过程，并进行工作任务分析，然后围绕这些工作任务进行项目设计，一个项目即一个学习单元。与工作过程系统化课程模式类似，项目课程模式项目之间也呈现三种逻辑关系：①循环，每一学习单元包含工作过程涉及的所有工作任务，只是难度逐级上升；②分段，每一学习单元包含工作过程涉及的几项工作任务，每一学习单元工作任务的分配遵循项目发展顺序；③对应：每一学习单元对应一项工作任务。

### （六）职业仓课程模式

孙善学提出"职业仓分析法"作为职业教育课程开发的基本方法，包括建立职业图谱、提炼典型职业、横向分类、纵向分级四个步骤，最终形成"职业仓"，一个职业仓就是一个专业。"职业仓分析法"形成的典型职业的工作任务、工作过程或职业活动要素，为后续的职业教育课程开发使用。

上述职业教育课程开发模式充分体现了职业教育基于工作过程的课程开发理念，其基本思路均是从职业领域中分解形成若干工作任务，并对工作任务进行分析、归纳与转化，形成相应的课程学习单元。在构建职业教育课程混合教学设计模型时，也将充分参考基于工作过程的职业教育课程开发模式，进行混合课程的开发，以体现职业教育的类型特色。

## 二、职业教育教学模式的研究进展

通过职业教育教学模式相关文献，本节梳理了当前职业教育领域具有职业教育职业型、专业型人才培养特色的教学模式，包括行动导向教学模式[1]、理实一体化教学模式[2-4]、"工作室制"教学模式（"教学工作坊"模式）[5-7]、工作本位学习模式[8]等。

### （一）行动导向教学模式

行动导向教学模式是指在模拟的职业情境中，以职业岗位工作任务为载体，学习者通过行动学习参与学习任务确认、工作计划制订、任务实施、任务检查和评价等教学活动，如图2-17所示。通过对与职业情境密切相关的实际问题的解决与反思，实现职业能力的发展。

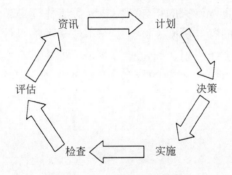

图 2-17　行动导向教学模式

### （二）理实一体化教学模式

理实一体化即理论教学与实践教学一体化，理实一体化教学模式是职业教育极具特色

---

[1] 蔡秀芳.行动导向教学模式探讨[J].中国成人教育，2009(5)：110-111.
[2] 禹禄君.探究理实一体化教学新模式[J].长沙通信职业技术学院学报，2008，7(4)：63-66.
[3] 吴映辉，程静.理论实践一体化教学模式的探讨[J].职业教育研究，2008(6)：45-46.
[4] 温振华.高等职业教育课程模式改革的探索——论工作室制教学模式[J].中国职业技术教育，2007(31)：17-19.
[5] 史平，秦旭芳，张研.高等职业教育的有效模式：行动导向教学法[J].辽宁教育研究，2008(5)：57-59.
[6] 孙晓男."工作室制"工学结合人才培养模式研究[J].中国成人教育，2010(6)：65-67.
[7] 温振华.高等职业教育课程模式改革的探索——论工作室制教学模式[J].中国职业技术教育，2007(31)：17-19.
[8] 徐国庆.工作本位学习初探[J].教育科学，2005(4)：53-56.

的一种教学模式。对比传统教学模式理论教学与实践教学分割、先理论后实践的理念不同，理实一体化教学模式强调将课堂教师的理论讲授与实验、实训中学生独立操作等教学方式进行一体化设计与实施；将理论讲课的教室与实践操作的实验、实训场地一体化建设；理论教学和实训教学交替开展，理中有实，实中有理。理实一体化教学具有三个特性：空间和时间的同一性；认识过程的同步性；认识形式的交错性。

### （三）"工作室制"教学模式（"教学工作坊"模式）

"工作室制"教学模式或"教学工作坊"模式，是指在校内建立与企业深度合作的工作室或工作坊。工作室或工作坊采用准企业的企业化运行模式和管理模式，承接企业真实工作项目或校企合作开发的项目。学生以真实工作项目为学习任务，在专业教师指导下，通过完成真实工作任务，实现职业能力的提升。"工作室制"教学模式体现了校企合作、工学结合的理念，企业直接评判学生的职业能力水平，进一步缩短了学生从学校到实际工作岗位的距离，较好地满足了职业教育以就业为导向的人才培养目标。该模式当前主要在职业院校艺术设计类专业应用较为广泛。

### （四）工作本位学习模式

工作本位学习是指在工作场所进行的学习，职业院校或各种实训中心进行的学习不能称为工作本位学习。工作本位学习模式下，学生在企业以员工加学生的身份参加基于工作场所的实际工作过程，在企业专家的指导下完成实际工作任务，获得知识和技能，培养职业素养。学生对工作过程的参与深度不同，工作本位学习的具体内容与形式也会不同，包括现场参观、服务学习、工作投射、岗位见习、企业训练、有偿工作、合作教育、青年学徒等多种类型，如图2-18所示。有效的校企合作是工作本位学习模式的基础。

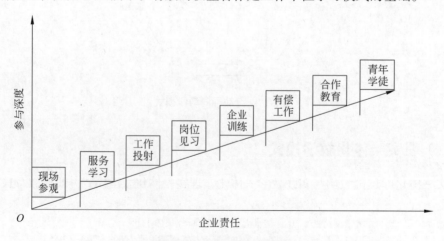

**图 2-18** 工作本位学习模式

上述职业教育特色教学模式体现了职业教育以行动为导向的教学思路，几类教学模式所反映的职业教育特色的教学环境，包括理实一体化教学环境、校内工作坊、校外工作场所等，也将为职业教育混合教学设计研究提供参考。

## 本 章 小 结

本章通过对已有文献的分析,对当前混合教学的研究进展、教学设计模型及混合教学设计模型的研究进展、职业教育课程开发模式与教学模式的研究进展进行了梳理。文献分析发现,当前研究者主要从面授与在线环境相结合的角度对混合教学进行概念界定,部分研究基于成本效益角度考虑了多要素的混合。综合已有研究,混合教学是在面授与在线教学结合基础上,对教学系统各要素进行有效混合,从而实现教学效益最大化。文献分析发现以"为实现教学目标而建立一个能够支持各要素有效混合的教学方案"为理念的混合教学设计性研究尚无职业教育相关内容,但是当前研究主要将教学目标与教学环境作为混合教学设计的核心要素,这对本书职业教育混合教学设计模型构建研究具有参考价值。当前职业教育混合教学研究主要聚焦混合教学模式在特定专业及课程中的应用,缺乏系统性的教学设计理论模型研究。但教学设计模型的文献综述发现,目前已有一些研究在经典教学设计模型特别是 ADDIE 模型基础上进行混合教学设计模型的构建,这些混合教学设计模型与面向技能训练的 4C/ID 模型都可以为职业教育课程混合教学设计模型构建提供参考。职业教育与普通学科教育具有鲜明差异,其课程开发基于工作过程,教学以行动为导向,本章梳理的已有职业教育课程开发模式与教学模式,可以为职业教育课程混合教学设计模型构建提供具有职业教育类型特色的研究参考。

# 第三章 职业教育课程混合教学的基本要素

本章在李秉德教学七要素的基础上,深入阐明了七要素在职业教育混合教学情境下的内涵、特点及其结构关系。同时,进一步探讨了职业教育课程混合教学设计时的七要素设计思路及基本要求。

## 第一节 混合教学的要素分析

### 一、教学的基本要素

对教学要素的讨论是教学理论研究的一个基础性问题,近三十年来,学者们众说纷纭,尚无统一定论,但总体呈现两类观点,一类是采用简单枚举法,将与教学相关的要素全部排列在一起,提出的要素数量从三要素到七要素不等,如表3-1所示。持另一类观点的学者在列举教学要素的同时对要素进行了进一步分类,如表3-2所示。

表 3-1 教学要素说(单层次)

| 观　点 | 学　者 | 具 体 要 素 |
| --- | --- | --- |
| 三要素说 | 鲍良克,达尼洛夫,长谷川荣,顾明远,钟启泉,刘克兰等[1-3] | 教师、学生、教学内容 |
| 四要素说 | 靳希斌[4] | 教师、学生、教学内容、教学手段(教学环境) |
| 五要素说 | 德国控制论学派[5] | 教学目标、教师、学生、媒介、检查 |
| | 郭祖仪,南纪稳[6] | 教师、学生、教学目标、教学内容、教学方法 |
| 六要素说 | 德国柏林学派[7] | 教学意向、教学课题(内容、对象)、方法、媒介、人类学与社会文化条件 |
| | 郝恂[8] | 教师、学生、教学内容、教学工具、时间、空间 |
| | 王策三[9] | 教学目的任务、教学内容、教学方法、教学手段、教学组织形式、教学检查 |

---

[1] 田慧生,李如密. 教学论[M]. 石家庄:河北教育出版社,1996.
[2] 钟启泉. 现代教学论发展[M]. 北京:教育科学出版社,1992.
[3] 顾明远. 对教育定义的思考[J]. 北京大学教育评论,2003(1): 5-9.
[4] 南师大教育系. 教育学[M]. 北京:人民教育出版社,1984.
[5] 李其龙. 控制论意义上的教学论(上)[J]. 外国教育资料,1989(1): 8-13.
[6] 郭祖仪,南纪稳. 试论教学过程的基本要素及其相互关系[J]. 陕西师范大学成人教育学院学报,1999(2): 19-22.
[7] 李其龙. 柏林教学论学派[J]. 外国教育资料,1986(2): 24-31.
[8] 郝恂,龙太国. 试析教学主体、客体及主客体关系[J]. 教育研究,1997(12): 43-47.
[9] 王策三. 教学论稿[M]. 北京:人民教育出版社,2005.

续表

| 观　点 | 学　者 | 具 体 要 素 |
|---|---|---|
| 七要素说 | 巴特勒[1] | 情境、动机、组织、应用、评价、重复和概括 |
| | 李秉德[2] | 教师、学生、教学目的、教学内容、教学方法、教学环境、反馈 |

表 3-2　教学要素说（多层次）

| 观　点 | 学　者 | 具 体 要 素 | | | |
|---|---|---|---|---|---|
| 教学要素层次论 | 张楚廷[3],[4] | 平凡要素 | 时间、空间、信息等 | | |
| | | 特质要素 | 硬要素 | 教师、学生、教材 | |
| | | | 软要素 | 客观性要素 | 教学规律、教学过程、教学本质 |
| | | | | 主观性要素 | 教学目的、教学方法、教学原则 |
| 3+6要素说 | 巴班斯基[5] | 系统成分 | 教师、学生、条件 | | |
| | | 过程成分 | 教学目的、激发动机、教学内容、操作活动、控制调节、评价结果 | | |
| 2+2+5要素说 | 吴文侃[6] | 活动主体 | 教师、学生 | | |
| | | 活动条件 | 软条件、硬条件 | | |
| | | 活动过程 | 教学目的任务、教学内容、教学方法手段、教学组织形式和教学效果的检查评价 | | |
| 3+4+2要素说 | 李如密[7] | 构成要素 | 教师、学生、教学内容 | | |
| | | 运行要素 | 教学目的、教学方法、教学媒体、教学评价 | | |
| | | 环境要素 | 物质环境、人文环境 | | |

综合上述已有教学要素学说，总体上共呈现了9类要素，分别为教师、学生、教学目标、教学内容、教学方法、教学环境、教学评价、教学规律与教学原则、教学过程。对于部分要素，不同学者采用了不同的表述方式，如对教学环境这一要素的阐述，有"教学工具""媒介""教学媒体""时间""空间""条件""情境"等各类表达，但上述都属于教学环境的范畴，如表3-3所示。

表 3-3　已有研究的教学要素汇总

| 要　素 | 具 体 表 述 |
|---|---|
| 教师 | 教师 |
| 学生 | 学生 |
| 教学目标 | 教学目的、教学意向、动机、教学目的任务 |
| 教学内容 | 教材、教学课题（内容/对象） |

---

[1] 巴特勒.盛群力,编译.教学过程的系统分析[J].外国教育资料,1990(3):12-20.
[2] 李秉德.教学论[M].北京:人民教育出版社,1991.
[3] 张楚廷.教学论纲[M].北京:高等教育出版社,1999.
[4] 张楚廷.教学要素层次论[J].教育研究,2000(6):65-69.
[5] 巴班斯基.教育学[M].李子卓,等译.北京:人民教育出版社,1986.
[6] 吴文侃.比较教学论[M].北京:人民教育出版社,1999.
[7] 李如密,苏堪宇.关于教学要素问题的理论探讨[J].当代教育科学,2003(9):10-13.

续表

| 要　素 | 具　体　表　述 |
|---|---|
| 教学方法 | 教学手段、教学方法手段、教学组织形式 |
| 教学环境 | 媒介、工具、教学媒体、人类学与社会文化条件、时间、空间、情境、条件、软条件、硬条件、物质环境、人文环境 |
| 教学反馈 | 检查、反馈、教学评价、评价结果、教学效果的检查评价 |
| 教学规律与教学原则 | 教学规律、教学原则 |
| 教学过程 | 教学过程、组织、应用、重复和概括、操作性活动 |
| 教学本质 | 教学本质 |

具体来看，不同学者观点大相径庭，主要有几部分原因：一是部分学者研究教学要素的视角有差异。教学要素是形成教学系统并使之有效运行的"充分必要"的基本性要素，不是所有与教学有关的要素都是教学要素。如图3-1所示，教学过程是教学系统运行的产物，不属于教学系统要素的范畴。教学规律是指教与学内部矛盾的客观规律，教学原则是教与学依据的基本准则，教学本质即实现教与学的统一，三者是教学系统有效运行需要遵循的基本要求，是相对上位的概念，也不属于教学系统要素的范畴。二是部分学者将教学要素限定为教学的过程要素，因此没有将教学的主体要素即教师与学生纳入要素范畴，如柏林学派、王策三和巴特勒。

从教学要素的结构来看，综合巴班斯基、吴文侃和李如密的观点，教学要素可以分为主体要素、过程要素和环境要素。其中教师、学生是教学的主体，是构成教学系统最基本的要素；教学目标决定教学系统的运行方向，教学方法决定教学系统运行的路径，教学反馈用于评价教学系统是否有效运行并据此进行过程性调整，三者构成了教学系统的过程要素；教学环境作为环境要素，包含了教与学所需的时空条件。

李秉德对教学要素间的相互关系等结构性问题进行了进一步阐述，如图3-2所示。教学七要素之间存在紧密的联系，其中，学生是学习的主体，是教学的根本要素，教学目的是否达成要从学生身上体现。教师根据课程教学内容，选择适当的教学方法，对学生进行

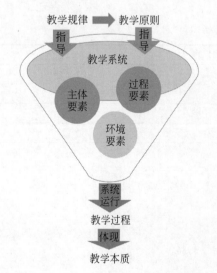

图3-1　已有教学要素研究的相关概念梳理

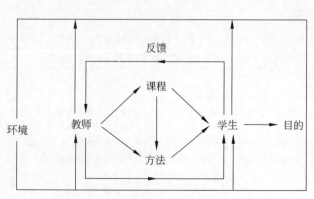

图3-2　李秉德教学七要素关系示意图

指导，从而实现教学目的。所有教学活动都必须在一定的时空条件即教学环境下开展。教学是在教师和学生之间进行的信息传递的交互过程，教学反馈是信息传递与交互得以进行的必需要素。

## 二、混合教学的七要素

混合教学赋予了教学要素新的内涵。王太昌认为教学过程由教师、学生、教学内容三个基本要素构成，随着现代教育技术的发展，增加了教学媒体这一要素。陈声健提出混合教学模式的构成要素即教师、学生、教材和媒体。韩锡斌等人在高等教育混合教学情境下，围绕李秉德教学七要素，进行了新的内涵解读。混合教学中的学生不再是信息的被动接受者，而是成为可以自定学习步调的学习主体和教学内容的主动建构者。混合教学支持教师在线团队化教学，也支持 E-Tutor 和 E-Expert 同时在线参与教学。混合教学中的教学目标在传统知识、技能和态度基础上更加强调数字时代所需的信息素养的形成与塑造。混合教学中的教学内容以多种媒体混合的方式呈现，其组织形式也由结构化转变为非结构化，以支持碎片化学习。混合教学的教学方法选择更加强调以学生为中心，具体表现为线上线下多种教学方法的混合。混合教学的教学环境也在传统教室、实验室、实习/实践场地和工作场所基础上，拓展到支持学生自主学习的在线教学环境。混合教学为学习反馈提供了基于大数据的在线评价工具，支持学生学习全过程的记录与分析，可以实现学习过程的即时反馈。韩锡斌等对混合教学七要素的论述，证明了教学七要素在混合教学情境下的适用性，体现了教学七要素在信息技术环境下产生的新的特性与功能，其主要表现为促进自主、泛在、个性化学习，但是该研究立足普通高等教育，仍缺乏对职业教育特色的关注。

# 第二节　职业教育教学的要素分析

与普通学科教育相比，职业教育具有其特殊性，职业教育是由实践情境构成的以过程逻辑而不是学科知识逻辑为中心的行动体系，是培养应用型人才的一条主要途径，其课程开发基于工作过程，教学以行动为导向。技术知识与思维模式的独立性决定了应用型人才培养体系在类型上的相对独立性[1]，职业教育教学要素的内涵需要更贴近职业教育教学要求。姜大源提出职业教育教学的三要素，即学生、教师、情境，其中情境指的是有利于教学实施的物理性教学环境[2]。汤百智认为职业教育教学具有四个基本要素——学生、教师、教学内容和教学手段，其中教学手段包括职业教育教学过程所需要的场地、设备和工具等[3]，即教学环境。杨祖宪提出高职课程教学具有四个系统性要素——教学目标、教学内容、教学过程和教学评价，并提出教学要素设计中要树立能力本位的理念[4]。白滨等认为教学目

---

[1] 徐国庆. 中等职业教育的基础性转向：类型教育的视角 [J]. 教育研究，2021，42(4)：118-127.
[2] 姜大源. 职业教育要义 [M]. 北京：北京师范大学出版社，2017.
[3] 汤百智. 职业教育课程与教学论 [M]. 北京：科学出版社，2015.
[4] 杨祖宪. 论高职课程开发设计中的"教学论加工"[J]. 教育与职业，2009(20)：100-101.

标、教学内容、教学环境、教学方法、教学组织、教学评价是职业教育技能大师工作室有效教学的六个关键要素[1]。

相比于以往面向普通教育的教学要素研究，职业教育教学要素研究体现了教学环境这一要素对职业教育教学的重要性。但是，以上职业教育专家提出的职业教育教学要素相对不完整，根据教学七要素理论，职业教育教学过程的顺利开展，同样需要关注学生、教师、教学目标、教学内容、教学环境、教学方法和教学反馈七个要素。同时，七要素的内涵在职业教育情境下发生了显著变化。

# 一、职业教育教学的七要素

## （一）学生

德国职业教育学家劳耐尔提出了一个关于从新手到专家的职业能力发展阶段及学习范围的理论，将职业教育学生的能力发展水平区分为新手、有进步的初学者、内行的行动者、熟练的专业人员和专家五个阶段，并据此划分了四个学习范围[2]，如图3-3所示。

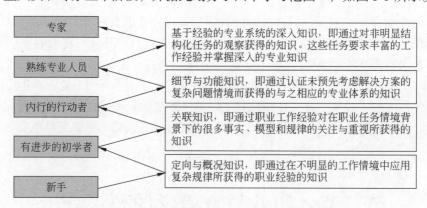

图 3-3　从新手到专家的职业能力发展阶段和学习范围

### 1. 从新手到进步的初学者

为了让学习者从新手到进步的初学者，应该选择职业相关的定向和概况知识构成的工作任务。一方面，有助于学生对职业有整体的认识，另一方面学习者在实施工作任务过程中，掌握了完成确定性工作任务的定向职业能力。

### 2. 从进步的初学者到内行的行动者

现实发生的职业工作过程往往是不确定的，是由多种工作任务组合形成的复杂系统。因而，从进步的初学者到内行的行动者，需要增强学习者系统处理综合性工作任务的能力。这一阶段的学习者应该学习不同工作任务之间的关联知识，从而掌握系统认识工作任务结构和综合处理工作任务的能力。

---

[1] 白滨，谢丽蓉，李可敬. 技能大师工作室有效教学的关键要素研究[J]. 职教论坛，2019(9): 47-56.
[2] 姜大源. 当代德国职业教育主流教学思想研究：理论、实践与创新[M]. 北京：清华大学出版社，2007.

### 3. 从内行的行动者到熟练专业人员

从内行的行动者到熟练专业人员，这一阶段对学习者提出了更高的要求，学习者在掌握处理系统工作任务的基础上，要求面对更为复杂的工作情境时，可以创造性地解决个别化的工作问题。因此，这一阶段的学习者，除了掌握不同工作任务之间的关联知识外，还需要在不同工作情境的训练中，掌握专门的细节和功能知识，建构个人经验。

### 4. 从熟练专业人员到专家

从新手到熟练专业人员的几个学习阶段，学习者接受的都是日常工作情境中提炼形成的工作任务，而从熟练专业人员到专家，则需要给学习者提供非日常的工作情境和更为复杂的问题，让学习者形成系统深入的专业知识体系，具备处理任何工作任务的职业能力。

通过对学生现有职业能力发展水平与目标职业能力发展水平的比较分析，找到二者之间的差距，明确学习者已有职业能力水平向目标职业能力水平发展的学习范围及学习任务特点，是科学进行职业教育课程教学设计的基础。

## （二）教师

职业教育的教学场域从职业院校拓展到企业、行业甚至整个社会，这就要求职业教育教师的能力素质同样具有"跨界性"——职业教育教师除了具备教学能力外，还要求具备扎实的专业理论知识以及突出的专业实践指导能力，可以从事实训课和实习课教学，即职业教育的教师应是"双师型"教师。此外，《国家职业教育改革实施方案》提出"引导行业企业深度参与技术技能人才培养培训""建立健全职业院校自主聘任兼职教师的办法，推动企业工程技术人员、高技能人才和职业院校教师双向流动"，即职业教育的教师除职业院校双师型教师外，还包括企业工程技术人员、高技能人才等企业专家组成的兼职教师。

## （三）教学目标

关于教学目标，诸多教育学家从不同角度提出了不同的分类理论，如布鲁姆、加涅、奥苏贝尔、安德森、梅瑞尔、瑞格鲁斯、巴班斯基等[1-3]，学者的教学目标分类理论如表3-4所示。

表3-4　教学目标分类理论

| 研究者 | 教学目标分类 | | | | | | | |
|---|---|---|---|---|---|---|---|---|
| 布鲁姆 | 认知领域 | | | | | | 技能领域 | 态度领域 |
| | 知道 | 理解 | 应用 | 分析 | 综合 | 评价 | | |
| 加涅 | 言语信息 | | 智力技能 | | 认知策略 | | 动作技能 | 态度 |
| 奥苏贝尔 | 机械学习 | | 有意义学习 | | | | | |
| | | | 抽象符号学习 | | 概念学习 | | 命题学习 | 发现学习 |

---

[1] Charles M Reigeluth. Instructional-design theories and models：vol. 2，a new paradigm of instructional theory, Mahwah, N.J.：Lawrence Erlbaum Associates，1999.

[2] 李秉德. 教学论[M]. 北京：人民教育出版社，2001.

[3] R. M. 加涅，等. 教学设计原理[M]. 5版. 王小明，等译. 上海：华东师范大学出版社，2007.

续表

| 研究者 | 教学目标分类 | | | | | | | | |
|---|---|---|---|---|---|---|---|---|---|
| 安德森 | 陈述性知识 | | | | | 程序性知识 | | | |
| 梅瑞尔 | 逐字记忆 | | | 记住释义 | | 使用一般规则 | | 发现一般规则 | |
| 瑞格鲁斯 | 信息记忆 | | | 关系理解 | | 应用技能 | | 应用一般技能 | |
| 巴班斯基 | 教养性任务: | | | 教育性任务: | | 发展性任务: | | | |
| 鲍良克 | 知识 | | | | | 能力 | | | |
| | 记忆性知识 | 再认性知识 | 再现性知识 | 运用性知识 | 创造性知识 | 感觉和知觉能力 | 体力或实践能力 | 表达能力 | 智慧能力 |

其中，最受教育界认可且使用最广泛的主要是布鲁姆教学目标分类理论和加涅教学结果分类理论。布鲁姆认为教学目标分为认知、技能与态度三个方面，并对认知领域的教学目标进行了进一步细分为知道、理解、应用、分析、综合和评价六个层面。加涅把学习分为五种主要的类型，即言语信息、智力技能、认知策略、动作技能和态度。对加涅的学习结果进行重新归类，其实也可以分为知识（语言信息、认知策略）、技能（智力技能、动作技能）、态度三大类。其他学者，如奥苏贝尔的有意义学习理论主要是对学习形式的分类；安德森将知识目标分为了陈述性知识和程序性知识，与加涅的言语信息和认知策略相近；梅瑞尔和瑞格鲁斯的分类思想比较相似，均是将教学目标分为知识与技能两个方面，并将知识目标分为记忆（逐字记忆/信息记忆）与理解（记住释义/关系理解）两个维度，技能分为应用（使用一般规则、应用技能）和迁移（发现一般规则、应用一般技能）两个维度；鲍良克也将教学目标分为了知识与能力（技能）两个层面，并进行了细致的区分，将知识分为记忆性、再认性、再现性、运用性、创造性五类，将技能分为感觉和知觉技能、体力或实践技能、表达技能、智慧技能四类。以上学者都没有对态度目标进行进一步细化分析。

职业教育的教学目标是培养学生的职业能力，包括知识、技能与态度三个方面，其中技能是职业教育教学的主要目标[1]，职业教育以实际应用的经验和策略的习得为主、以适度够用的概念和原理的理解为辅[2]。在技能目标的细化分类上，综合加涅与鲍良克的理论，将职业教育技能分为智力技能、动作技能、感觉与知觉技能、表达技能四类。智力技能是指仅在大脑中进行的认知活动能力，如判断、计算等；动作技能即需要依赖肌肉运动的活动能力，如操作仪表盘、打篮球等；感觉与知觉技能即依托于感觉与知觉器官开展的活动能力，如品酒、英语听力等；表达技能则包括口头表达技能与文字表达技能，口头表达技能如演讲、辩论，文字表达技能如公文写作等。职业教育的知识目标则主要指技能所需的陈述性知识与程序性知识[3]。

而职业教育教学的态度目标，主要是指培养学生的职业素养与专业精神。如英国综合职业能力体系提出"与人合作、学习与业绩的自我提高"的核心职业素养要求；美国劳工部就业技能委员会（SCANS）将个人素养分为了负责任、自信、合群、自我管理与诚实五类；德国对职业素养的要求包括群体意识、责任感、承受力等；澳大利亚工商

---

[1][3] 黄克孝.构建高等职业教育课程体系的理论思考[J].职业技术教育，2004，25(7)：42-45.
[2] 姜大源.职业教育要义[M].北京：北京师范大学出版社，2017.

会提出的综合职业能力对个人品质特征提出了要求，包括忠诚、诚实正直、热情、可靠、个人表现、常识、灵活性和抗压能力等[1]。综合来看，职业态度主要表现为对职业活动的认知状态（如群体意识、责任感、承受力、自我管理等）、情感状态（如自信、热情、忠诚、诚实、正直）和行为倾向（如主动和进取精神、与人合作、学习与业绩的自我提高等）三个部分。

### （四）教学内容

本书第二章对职业教育基于工作过程的课程开发模式进行了综述。模块式技能组合课程开发以劳动力市场需求为依据明确岗位职业能力的培养需要，能力本位课程开发以岗位职业能力为依据分解形成相对独立的工作职责和相应工作任务，学习领域课程开发以职业情境为依据，工作过程系统化课程模式在学习领域课程基础上强调要把实际的工作过程经过三次以上的教学化处理，项目课程强调学生在完成工作任务组成的教学项目过程中形成职业能力，职业仓分析法以职业图谱为依据进行课程开发。

可以发现，职业教育课程教学内容的开发具有以下特点：①以培养学生岗位职业能力为依据；②课程开发要基于工作过程，即教学内容是由企业岗位工作任务中经过分析、归纳而演化来的学习任务。

### （五）教学环境

教学环境包括职业教育教学过程所需要的场地、设备和工具等，要求能够反映或模拟职场的工作环境，并配备必需的、一定数量的生产型设备，使学生在学习过程中就可以感受和体验到职场的工作过程与环境，从而提高学生的职业能力。当前职业院校线下课堂教学环境主要有多媒体教室、实体实验实训室、虚拟仿真实验实训室、虚实融合实验实训室、多功能理实一体化教室与工作场所等几大类型。

**1. 多媒体教室**

多媒体教室由多媒体计算机、液晶投影机、数字视频展示台、中央控制系统、投影屏幕、音响设备等多种现代教学设备组成。智慧教室、未来教室等教室类型也属于多媒体教室这一分类中，在职业教育视域下，智慧教室、未来教室等与多媒体教室承担的主要教学任务相近，即主要支持知识的传授，对技能训练或工作场所经验的习得支持作用相对较低。

**2. 实体实验实训室**

在职业教育中，实训教学环境直接支持实训教学的展开，实训活动的成效对实训环境存在很大的依赖性。其中，实体实验实训室是指实验实训室内有实体性设备，支持学生进行实际实践训练，但没有支持学生进行虚拟仿真训练的功能与条件。

**3. 虚拟仿真实验实训室**

与实体实验实训室相反，虚拟仿真实验实训室里没有实体性设备，仅支持用仿真软件

---

[1] 李怀康. 职业核心能力开发报告[J]. 高等职业教育（天津职业大学学报），2007(1): 4-8.

进行模拟实践训练，无法支持学生进行实际操作训练。其主要表现形式为具备虚拟仿真系统和软件的计算机机房。

#### 4. 虚实融合实验实训室

虚实融合实验实训室是指充分利用虚拟仿真、虚拟现实、物联网、传感网等技术，将物理空间及设备与虚拟空间及资源有机结合在一起构成的实训教学场所[1]。虚实融合实验实训室是既能支持实际操作实训教学任务，也能支持虚拟仿真操作实训教学任务的一类教学环境。

#### 5. 多功能理实一体化教室

理实一体化通常是指理论与实践有机结合。理实一体化教学是指将课堂教师的理论讲授与实验、实训中学生独立操作等教学方式进行一体化设计与实施。多功能理实一体化教室即将理论讲课的教室与实践操作的实验实训场地、虚拟仿真系统等教学资源一体化配置形成的教学环境，支持融知识传授、技能培养、职业素养形成于一体的一体化教学模式。

#### 6. 工作场所

工作场所指实际工作现场，并增加工作现场的教育功能，包括校内工作坊和校外企事业单位两类。学生以员工加学生的身份参加基于工作场所生产活动的学习，通过参与真实生产任务，并在熟练成员直接或间接指导的活动中获得职业能力。

### （六）教学方法

教学历史上发展起来的已被证实的教学方法非常之多，1977年，德国哥廷根大学发起"哥廷根教学模式体系"研究项目，通过对不同时代、不同学科、不同职业及不同机构的教学实践进行建模，总结了20种教学方法[2]，如表3-5所示。

表3-5 哥廷根20种教学方法

| 活动法、作业法 | 讨论、辩论 | 探索法、参观法、现场体验法 | 个案法 | 学徒制、助手 |
|---|---|---|---|---|
| 远程学习、函授教学 | 课堂教授、教师指导的学习、讲解式教授、面授 | 程序教学、个性化教学 | 个别化学习中心、实验室计划 | 小组讨论、微型学习的团体 |
| 教育展览、展示会 | 教育对话 | 阐明性教育环境 | 教育会议、论坛 | 教育网络 |
| 项目法 | 教学模拟 | 同伴指导、学监法 | 演讲法 | 教育专题讨论会 |

李秉德根据教学方法的外部形态和这种形态下学生认识活动的特点，将教学方法分为五类[3]，如表3-6所示。

---

[1] 朱孝平，林晓伟，张剑平. 虚实融合的实训教学环境及应用研究——以数控加工为例[J]. 中国电化教育，2015(12): 87-92.

[2] 罗伯特·D. 坦尼森，弗兰兹·肖特，诺伯特·M. 西尔，等. 教学设计的国际观（第1册）：理论·研究·模型[M]. 任友群，裴新宁，高文，译. 北京：教育科学出版社，2005.

[3] 李秉德. 教学论[M]. 北京：人民教育出版社，2001.

表 3-6 五类教学方法

| 以语言传递信息为主的方法 | 以直接感知为主的方法 | 以实际训练为主的方法 | 以欣赏活动为主的方法 | 以引导探究为主的方法 |
| --- | --- | --- | --- | --- |
| 讲授法<br>谈话法<br>讨论法 | 演示法<br>参观法 | 练习法<br>实验法<br>实习作业法 | 欣赏法 | 发现法 |

职业教育教学过程是一个实践性很强的过程，在教学方法的选择上需要以行动为导向。黄艳芳[1]在李秉德的教学方法基础上，区分了一般教学法和职业教育教学法，其中职业教育教学法包括学徒训练法、任务教学法、项目教学法、问题解决教学法、案例教学法、情境教学法、引导文教学法、理实一体化教学法。邓泽民（2018）在其所著的《职业教育教学设计》中提出四阶段教学法、头脑风暴法、项目教学法、案例教学法、模拟教学法、角色扮演法、卡片展示法、引导文教学法等职业教育教学方法。

根据上述研究成果，归纳得到 45 种职业教育教学过程中可以用到的方法，如表 3-7 所示。

表 3-7 职业教育教学方法汇总

| 讲授法 | 指导法 | 教育对话 | 讨论法 | 发现法 |
| --- | --- | --- | --- | --- |
| 游戏法 | 练习法 | 演讲法 | 作业法 | 欣赏法 |
| 演示—模仿法 | 参观法、现场体验法 | 掌握学习法 | 头脑风暴法 | 远程学习、函授教学 |
| 启发式教学法 | 探究式教学法 | 支架式教学法 | 抛锚式教学法 | 随机进入教学法 |
| 非指导性教学法 | 自我反馈教学法 | 暗示教学法 | 程序教学法 | 个别化教学 |
| 小组协作学习 | 微型团体教学法 | 座谈法<br>教育会议、论坛 | 同伴指导<br>学监法 | 行动导向教学法 |
| 四阶段教学法 | 引导文教学法 | 模拟教学法 | 角色扮演法 | 实验法 |
| 项目教学法 | 问题教学法 | 任务教学法 | 情境教学法 | 卡片展示法 |
| 实习作业法 | 学徒训练法 | 理实一体化教学法 | 工作坊教学 | 工作本位学习 |

Reigeluth（1999）在其专著 *Instructional-design theories and models: a new paradigm of instructional theory* 一书中提出了选择教学方法的几个维度，包括学习类型、学习控制、学习分组、学习互动、学习支持等。学习类型即教学目标，为实现不同类型教学目标所选择的教学方法必然有所差异，如演讲法适用于表达性技能的教学，"演示—模仿法"则是职业教育动作技能教学中应用较多的教学方法。学习控制类型包括以教师为中心和以学习者为中心两类，不同教学方法的学习控制类型不同，如"讲授法"即典型的以教师为中心的教学方法。Reigeluth 将学习分组分为个体、双人、小组（3 至 6 人）、团体（7 人及以上）四个类型，不同的分组类型具有不同的特点，相应的教学方法也应该有所差异，如"项目教学法""角色扮演法"等一般适用于小组学习，而"随机进入教学法"则相对更适用于个体学习。此外，不同的教学方法也体现了不同的互动类型，如"现场体验法"更多地体现学生与学习环境的互动，"头脑风暴法"则体现了学生与学生之间的互动。在教学过程中，学生的学习支持主

---

[1] 黄艳芳. 职业教育课程与教学论 [M]. 北京：北京师范大学出版社，2010.

要来源于两部分,分别为对学生认知上的支持和情感上的支持。认知支持主要是指教师为促进学生知识的理解和能力的形成所提供的教学内容、媒体及工具的支持,如"支架式教学法";情感支持主要是指教师对学生态度、动机、情绪和自信心上的支持,如"暗示教学法"。

### (七)教学反馈

教学反馈以教学目标为依据,职业教育能力评价具有三种模式——行为样本评价模式、工作现场观察评价模式和已有绩效评价模式[1]。行为样本评价模式是职业院校学生职业能力评价的主要方式,行为样本评价模式的实施可以分为三个基本步骤:①选取一定数量的活动样本作为评价项目。②制订明确的评价标准,用以判断学生是否具备了符合标准的职业能力。③职业能力评定,通常由教师或企业员工来观察、记录和查验。

工作现场观察评价模式,即主要通过对学习者在真实工作现场的行为操作进行观察记录,从而判断其职业能力的一种形式。该评价模式主要适用于基于工作场所的教学,操作流程分为选择工作任务、观察与记录、职业能力评定三个环节。

已有绩效评价模式主要利用已有的个人能力表现档案进行职业能力评价,而不再额外组织评价项目,即使要进行测验或模拟操作,也只是作为补充。

## 二、校企合作对职业教育教学七要素的影响

相比于普通教育,职业教育教学强调企业的重要主体作用,关注企业在职业教育教学中的作用有助于更好地理解职业教育教学要素特性。根据《国务院办公厅关于深化产教融合的若干意见》和教育部《职业学校校企合作促进办法》,结合职业教育教学七要素,职业教育校企合作的形式包括以下几方面。①企业作用于教师:企业专家兼职职业学校教师,为学生实训实习提供支持;②企业作用于教学目标:以企业岗位能力为标准,校企共同制定人才培养目标要求和培养方案;③企业作用于教学内容:选择企业真实的工作任务,校企合作开发课程体系、教学标准以及教学资源;④企业作用于教学环境:校企共建校内实训室,并提供企业工作场所开展专业技能培养的实践性教育教学活动,如认识实习、跟岗实习和顶岗实习等形式;⑤企业作用于教学方法:根据企业工作岗位需求,校企可以开展学徒制合作,联合招收学员,按照工学结合模式,实行校企双主体育人;⑥企业作用于教学反馈:企业专家参与教学评价标准的制定与学生学习成果与职业能力的评价;⑦企业作用于学生:围绕上述六个方面,企业作用于职业教育学生职业能力的综合培养。

## 第三节 职业教育课程混合教学的要素分析

综合上述分析,职业教育课程混合教学包含"教师""学生"两个主体要素,"教学目标""教学内容""教学方法""教学反馈"四个过程要素,以及"教学环境"这一环境要素。职业教育课程混合教学七要素同时体现了职业教育教学七要素的特点和混合教学七要素的

---

[1] 刘德恩.职业能力评价的三种模式[J].职教通讯,2000(11):4-6,14.

特点，即职业教育"产教融合、校企合作、工学结合"的特点，以及混合教学"促进学生自主学习、即时反馈"的优势，如表 3-8 所示。

表 3-8 职业教育课程混合教学特点

| 教学要素 | 职业教育"产教融合、校企合作、工学结合"特点 | 混合教学"促进自主学习、即时反馈"优势 |
| --- | --- | --- |
| 学生 | 新手、进步的初学者、内行的行动者、熟练的专业人员、专家 | 信息化学习能力 |
| 教师 | 双师型教师、企业兼职教师 | 在线专家、智能助教等协同教学团队 |
| 教学目标 | 专业知识、职业技能和职业态度 | 信息技术能力与素养 |
| 教学内容 | 基于工作过程 | 数字化学习单元 |
| 教学环境 | 贴近企业工作环境的实体教学空间 | 拓展到网络虚拟空间 |
| 教学方法 | 行动导向的教学方法 | 线上线下融合的教学方法 |
| 教学评价 | 专业知识、职业技能和职业态度考核 | 基于在线学习过程行为数据的评价与即时反馈 |

## 一、职业教育课程混合教学的七要素

### 1. 学生

职业教育以培养学生职业能力为目标，根据劳耐尔职业能力发展水平理论，职业教育学生可以分为新手、有进步的初学者、内行的行动者、熟练的专业人员和专家五个层级，从下一层级向上一层级发展具有不同的学习范围。通过对学生现有职业能力发展水平与目标职业能力发展水平的比较分析，找到二者之间的差距，以此明确学习者的学习需要及学习任务特点，是有效开展职业教育教学的基础。数字时代的职业教育学生作为信息原住民，具备良好的数字化学习基础。混合教学模式下，学生可以根据自身所处的不同职业能力发展阶段及学习需要，个性化地开展在线学习，包括支持处于较低能力发展水平的学生进行技能的仿真或体验式练习，支持职业能力处于较高水平的学生通过拓展学习，完成更多职业情境下的工作任务，实现职业能力迁移。

### 2. 教师

数字时代的职业教育教师作为"数字公民"应具备相应的信息素养。混合教学支持教师在线团队化教学，企业专家可以以 E-Expert 的形式参与企业学校同步课堂或提供远程指导。当企业作为教学主阵地时，学校教师可以在线远程参与学生学习过程的管理。学校教师、企业专家与学生的交互不再受空间与时间限制，可以更好地实现校企双主体育人。

### 3. 教学目标

职业教育的教学目标由知识、技能与态度构成，其中技能是职业教育的主要教学目标。在技能目标的细化分类上，综合加涅与鲍良克的理论，职业教育技能目标可以分为智力技能、动作技能、感觉与知觉技能、表达技能四类。根据安德森的理论，知识目标可以分为陈述性知识和程序性知识。而职业教育教学的态度目标，主要是指培养学生的职业素养与专业精神，包括对职业活动的认知状态、情感状态和行为倾向三个部分。数字技术赋予了职业能力新的内涵，更加强调数字化职业能力的培养，混合教学深化了知识、技能与态度目标的数字化内涵与要求，同时通过混合教学，学生的数字素养将得到进一步提升。

### 4. 教学内容

职业教育课程混合教学的教学内容开发基于工作过程，具体表现为由工作任务转换而来的学习任务，在教学内容即学习任务的表现形式上，混合教学模式下的学习任务被分解为不同难度的数字化学习单元，可以开发形成活页式、工作手册式、融媒体教材，支持学生根据自身职业能力水平，选择不同难度的学习任务开展碎片化、个性化学习。学习任务的实施及成果均可以通过在线平台记录与评价。混合教学模式下校企可以共同开发数字化教学资源，以支持学习任务更好地落实与开展。

### 5. 教学环境

混合教学拓展了学生学习与教师教学的空间，教学环境不再局限于贴近企业工作环境的线下实体教学空间，而是延伸到了配备丰富的数字化教学资源、支持多样化教学活动开展的网络虚拟教学空间，师生的教学活动不再局限于课堂有限的时间与空间中。同时，混合教学促使实体教学空间进行结构性变革，实体教学空间更加强调与网络虚拟教学空间的联通与交互，以支持线上线下教学活动的有效融合，如线下实体教学空间均要求配备相应的信息技术设备，校企共同打造了基于实体实训室的全真网络虚拟实训室等。

### 6. 教学方法

混合教学支持不同学习类型的教学方法的使用，学习控制更加强调以学习者为中心而不是以教师为中心；混合教学支持双人、小组、团体等更加灵活的分组学习，学生之间、学生与学校教师、学生与学习内容，特别是学生与企业专家，可以通过在线学习环境进行更为充分的交互，更好地实现校企双主体育人；混合教学也能为学生提供更丰富和即时的认知与情感支持。此外，教学方法的应用也将体现线上线下相融合，如任务教学法中任务的发布可以通过课前在线发布，而任务的实施可以通过线下课堂环节实施，任务成果的验收与评价则可以再通过线上网络虚拟学习空间展开。

### 7. 教学反馈

在反馈形式上，混合教学模式下的教学反馈区别于传统教学模式，其最显著的特点在于可以更多地借助大数据的线上评价方法。对于行为样本的评价模式，混合教学支持学生职业活动过程的远程直播，企业专家可以通过在线的技术平台观察、记录和查验学生职业能力水平。反之，对于工作现场观察的评价模式，混合教学同样支持学校教师的远程观察与记录。此外，混合教学所具备的在线教学环境，完整记录了学生学习过程，为职业教育基于已有绩效的评价模式提供了学生学习过程的实时反馈，方便教师及时调整教学策略。

## 二、职业教育课程混合教学七要素的结构关系

### 1. 教学目标是学生、教师、教学内容、教学环境、教学方法和教学反馈六个要素设计的出发点

职业教育课程混合教学是职业院校为实现培养学生职业能力这一教学目标而开展的一种活动形式,因此,教学目标是职业教育课程混合教学的出发点,约束其他要素的设计。教学目标决定了教师应用什么样的教学内容、配备什么样的教学环境、采用什么样的教学方法、使用什么样的评价手段,最后作用于学生,学生根据教学目标实现学习过程中的自我激励、自我评估、自我调控。同时教学目标也对教师提出了要求,数字化转型背景下职业教育的教学目标决定职业院校教师需要具备信息化"双师"教学能力,企业专家也成为教师团队的一部分。

### 2. 教学环境促进或制约学生、教师、教学目标、教学内容、教学方法和教学反馈六个要素的有效实现

职业教育教学目标的实现通常对教学环境有特殊的要求,教学环境所包含的资源、场地、设备、工具的是否满足条件,直接影响教学目标是否实现。同时,混合教学促进七要素的内涵向虚实融合方向拓展的根本原因也在于教学环境延伸到了网络虚拟教学空间,学生可以根据个性化需要进行在线自主学习、教师可以引入企业专家和在线助教远程参与教学、教学内容可以采用线上线下不同媒体形式呈现、教学方法可以通过混合教学环境实现虚实融合、教学评价可以借助混合教学环境实现数据化绩效考核。因此,教学环境促进或制约学生、教师、教学目标、教学内容、教学方法、教学反馈六个要素的有效实现。

### 3. 学生的学习需要与教师的教学能力影响教学目标及教学环境的设计

教学目标是对学生在教学后可实现行为的明确且具体的描述,因此学生是教学目标设计的参与者,职业教育课程混合教学目标的确定需要充分考虑学生实际学习状况与期望状况之间的差距,即保证教学目标是可以通过教学达到的。同时,在授课教师固定的情况下,教学目标的确定也需要在一定程度上考虑教师的能力与素质,特别是在教师实际操作硬技能不强,又不具备聘请企业专家的情况下,职业技能目标需要根据教师能力适度调整。就混合教学环境而言,师生的信息化素养在一定程度上也影响了在线教学环境的设计,特别是对在线教与学工具的易用性提出了相应要求。

### 4. 教学内容影响教学环境、教学方法的选择

职业教育课程混合教学的教学目标决定了教学环境的基本类型,而教学内容则对教学环境中场地、设备和工具的配备有了更具体的要求。此外,教学方法也受到教学内容的影响。职业教育教学内容是由典型工作任务转化形成的学习任务,这也致使情境教学法、任务教学法、项目教学法等基于学习任务以促进职业能力发展的教学方法,成为职业教育课程混合教学采用较多的教学方法。

### 5. 教师以教学内容为载体,利用一定教学方法作用于学生

职业院校教师应用活页式、工作手册式、融媒体教材,选择适当的虚实融合的教学方

法作用于学生,从而引导学生发展职业能力,即教学内容是职业教育课程混合教学两大主体要素发生作用的主要载体,教学方法是两大主体要素发生作用的主要途径,这恰是当前职业教育"三教"改革提出的核心主线。

### 6. 教学反馈是教学系统各要素实现交互与优化的基础

教师和学生作为教学的主体要素,推动教学系统其他要素相互作用,其中,师生通过教学反馈这一过程要素实现信息交互与即时反馈,可用于发现教学过程运行中的问题与不足,并就此对各教学要素的设计做相应的调整,有利于职业教育课程混合教学过程的整体优化,如图3-4所示。

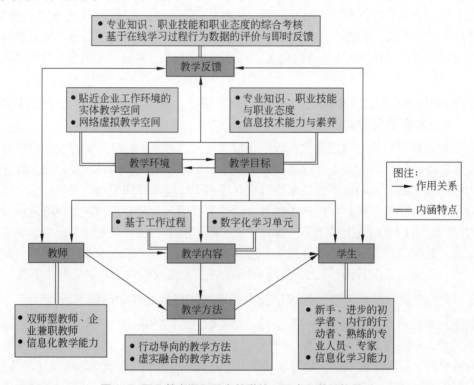

图 3-4　职业教育课程混合教学的七要素及其结构关系

## 三、职业教育课程混合教学七要素的设计思路

七要素是职业教育课程混合教学的基本组成要素,都具有重要地位,任一要素的设计不合理都可能影响混合教学的最终实施效果。但是由于七要素之间存在相互影响的关系而不是相互割裂的关系,某一要素的变化可能要求其他要素也做出相应改变,因此虽然教学设计中需要涵盖所有七个要素,但是对七要素的设计不是同时进行的,而是呈现一定的先后次序。

教学设计是指教师为完成某种教学目标,对教学活动序列及其方法策略进行设计,从而形成最佳教学方案的系统化过程。而职业教育课程混合教学设计,则是在满足职业教育"产教融合、校企合作、工学结合"特点和发挥混合教学"促进学生自主学习与即时反馈"

优势两大要求基础上，以取得最优化的教学效果即教学目标的实现为宗旨，对职业教育混合教学的七要素进行动态组合，形成一定的教学活动序列的系统化过程。由此可见，教学目标是核心，是职业教育课程混合教学设计的出发点，即在职业教育课程混合教学设计时，首先需要进行教学目标的设计。

根据职业教育课程混合教学七要素的结构关系，由于教学环境与教学目标之间相互影响、相互牵制，教学环境也影响其他几个教学要素，因此在确定教学目标后，需要进行教学环境的选择，以保证教学目标的实现和其他几个教学要素的后续有效设计。

与学生、教师、教学内容、教学方法、教学反馈等其他要素相比，教学目标与教学环境作为职业教育课程混合教学设计时需要首先考虑的要素，其本身就具有一定的合理性与可行性。

（1）学生：任意学习者之间都存在个体差异，在当前班级授课制的教学组织形式下，虽然在一定程度上可以为学生部分个性化的学习选择提供支持，如支持学生选择不同难易程度的学习任务，但是无法实现班级内每位学生均采用多种完全不同的教学方案包括教学进度安排、教学活动组织、学习评价等进行课程学习。同时，每门课程授课班的学生是确定的，在设计教学目标时需要考虑学生职业能力起点水平，但是无法对学生本身进行设计与调整。

（2）教师：课程的授课教师是进行混合教学设计和开展混合教学的主体，其本身是确定的，只是基于教学目标的特点，借助混合教学环境的优势，可以考虑增加校内外专家开展团队化教学，增设在线专家或智能助教。

（3）教学内容：教学内容是指为了实现教学目标，要求学习者系统学习的知识、技能和行为规范的总和，教学内容可以说是教学目标的具体化，同时教学内容也会根据教学目标的实现情况进行动态调整，因此教学内容的设计应在教学目标设计之后。

（4）教学方法：有学者曾进行过不完全统计，目前在教学中卓有成效的教学方法有700余种。在实际教学过程中，往往采用多种教学方法组合使用，其设计需要根据教学目标需要、教学内容特点和教学环境条件。

（5）教学反馈：一方面，从反馈形式上，混合教学模式下的教学反馈，区别于传统教学模式，其最显著的特点在于可以更多地借助大数据的线上评价方法，因而教学反馈的形式从一定程度上依赖于技术环境。另一方面，教学反馈是以教学目标为标准而进行的教学活动，因而教学反馈的内容依赖于教学目标。因而从一定意义上可以说，教学反馈的设计取决于教学目标和教学环境。第二章的文献综述也证明了，已有研究在进行混合教学设计时也首先考虑教学目标和教学环境。

在确定教学目标和教学环境后，课程混合教学设计的基本框架就确定了，后续按照教学目标和教学环境条件，依次进行教学内容设计、教学方法设计、教师角色设计和教学反馈设计。按照七要素设计思路进行职业教育课程混合教学设计模型的构建。

# 本 章 小 结

本章在充分分析与探讨教学要素、混合教学要素与职业教育教学要素的理论基础上，提出了职业教育混合教学具有七要素，包括"教师""学生"两个主体要素，"教学目标""教学内容""教学方法""教学反馈"四个过程要素,以及"教学环境"这一环境要素,并对七要素在职业教育混合教学情境下的内涵进行了深入阐述。职业教育混合教学七要素在同时具备职业教育"产教融合、校企合作、工学结合"特点、混合教学"促进学生自主学习与即时反馈"的特点基础上,相互之间也存在着一定的结构关系。其中,教学目标和教学环境之间相互影响,两者都会影响学生、教师、教学内容、教学方法和教学反馈几个要素。学生的学习需要与教师的教学能力影响教学目标及教学环境的设计,教学内容会影响教学方法和教学环境的选择,教师则以教学内容为载体,利用一定教学方法作用于学生;教学反馈是教学系统各要素实现交互与优化的基础。因此,在职业教育课程混合教学设计时,应该首先进行教学目标和教学环境的设计,在确定教学目标和教学环境后,再进行教学内容设计、教学方法设计、教师角色设计、教学反馈设计。职业教育混合教学七要素的内涵及其结构关系,是后续构建职业教育混合教学设计模型的理论基础。

# 第四章 职业教育课程混合教学设计的现状

本章主要以职业教育混合教学七要素为分析框架,通过案例分析法和问卷调查法,探究当前职业院校课程混合教学设计的应用现状及存在的问题。其中,问卷调查以已有教学设计模型与职业教育课程开发模式为核心,调查教师对混合教学设计理论的认知与需求情况,案例分析则以395门开展混合教学的课程教学设计单为分析对象,调研现有课程混合教学设计是否体现了职业教育"产教融合、校企合作、工学结合"的特点及混合教学"促进学生自主学习与即时反馈"的优势。

## 第一节 职业教育课程混合教学设计现状的问卷调查

职业教育教师混合教学理论认知与需求调查问卷(以下简称"问卷")可以从主观层面呈现教师对混合教学设计理论与方法的认知与应用水平,进一步分析当前职业教育课程混合教学设计方法存在的现实问题,从教师实践视角明确职业教育课程混合教学设计研究的方向。

### 一、问卷设计

根据问卷调查目的,除基本信息外,本问卷由两部分组成,第一部分调研教师的混合教学设计理论水平,根据第二章文献综述的内容,主要调研教师对已有教学设计模型和已有职业教育课程开发模式的理论储备与实践应用情况。由于已有混合教学设计模型尚未被广泛认可,且均在经典教学设计模型基础上构建,因而本次主要调研教师对经典教学设计模型的认知与应用情况,包括ADDIE、肯普、ASSURE、迪克-凯瑞、史密斯-雷根、ISD[4]、4C/ID七类教学设计模型。调研涉及的已有课程开发模式包括模块式技能组合课程模式、能力本位课程模式、学习领域课程模式、工作过程系统化课程模式、项目课程模式、职业仓课程模式。第二部分从职业教育混合教学的七要素出发调研教师对专门的职业教育混合教学设计理论的学习需求。问卷设计如表4-1所示。除基本信息外,其他项目将采用李克特五分量表的形式开展调研。

表4-1 职业教育教师混合教学理论认知与需求调查问卷

| 序号 | 调研内容 | 具体指标 | 指标来源 |
| --- | --- | --- | --- |
| 第一部分 | 基本信息 | 性别、年龄、最高学位、教龄、任教学科(专业大类)、课程类型 | 教育部(2019);教育部(2010);教育部(2018) |

续表

| 序　号 | 调研内容 | 具体指标 | 指标来源 |
|---|---|---|---|
| 第二部分 | 教学设计模型的认知与应用水平 | ADDIE、肯普、ASSURE、迪克-凯瑞、史密斯-雷根、ISD[4]、4C/ID | 罗伯特·D.坦尼森，弗兰兹·肖特，诺伯特·M，西尔，山尼·戴克斯特拉（2015） |
| | 职业教育课程开发模式的认知与应用水平 | 模块式技能组合课程模式、能力本位课程模式、学习领域课程模式、工作过程系统化课程模式、项目课程模式、职业仓课程模式 | 汤百智（2015）；黄艳芳（2010）；谭移民等（2001）；赵志群（2008）；赵志群等（2008）；姜大源（2009）；姜大源（2014）；徐国庆（2015）；徐国庆（2007）；徐国庆（2008）；徐国庆（2004）；孙善学等（2017） |
| 第三部分 | 教师混合教学设计理论的学习需求 | 我对学生和教师混合教学行为的相关理论的需求 | 李秉德（2001）；汤百智（2015）；韩锡斌等（2016）；姜大源（2017） |
| | | 我对混合教学模式下教学目标相关理论的学习需求 | |
| | | 我对混合教学内容开发的相关理论的学习需求 | |
| | | 我对混合教学环境设计的相关理论的学习需求 | |
| | | 我对混合教学需要的教学法相关理论的学习需求 | |
| | | 我对线上线下相结合的学习评价理论的学习需求 | |
| | | 我希望在开展混合教学时，有专门的职业教育课程混合教学设计模型作为理论支撑 | |

## 二、数据收集及信效度分析

问卷面向职业院校已开展混合教学的教师发放，在发放问卷前，研究者向调查对象解读了问卷各个题项，并要求调查对象独立认真完成问卷。最终发放问卷271份，有效回收率100%。通过教师基本信息的分析，被调研教师所授学科覆盖高职13个专业大类，中职5个专业大类，教师均接触过混合教学，对进行职业教育课程混合教学设计的现状调查而言，具备一定的样本代表性。

研究应用SPSS Statistics 20软件进行问卷信效度的分析。其中，采用Cronbach's Alpha进行信度检验，问卷各变量的$\alpha$系数值如表4-2所示，$\alpha$系数值均大于0.7，说明问卷具有很好的信度。

表4-2　问卷信度分析

| 变　量 | 测量题项数 | Cronbach's $\alpha$ 系数 |
|---|---|---|
| 教学设计模型的认知与应用水平 | 7 | 0.968 |
| 职业教育课程开发模式的认知与应用水平 | 6 | 0.897 |
| 教师对混合教学设计理论的需求 | 7 | 0.912 |

问卷使用的测量指标均来自或改编自前人的研究成果,这在一定程度上保证了问卷的内容效度。此外,采用探索性因子分析方法检验问卷的结构效度,结果如表 4-3 所示。可以发现,问卷的 KMO(kaiser meyer olkin,检验统计量)值为 0.905,远高于 0.7,除职业仓课程模式的因子载荷大于 0.4 但低于 0.7 外,其他各测量项目的因子载荷和各变量的组合信度都在 0.7 以上,说明问卷具有较高的结构效度水平。

表 4-3 问卷的结构效度分析

| 变量 | 测量项目的因子载荷 | | 组合信度(CR) |
|---|---|---|---|
| | 测量项目 | 因子载荷 | |
| 教学设计模型的认知与应用水平 | ADDIE | 0.830 | 0.885 |
| | 肯普 | 0.910 | |
| | ASSURE | 0.937 | |
| | 迪克-凯瑞 | 0.913 | |
| | 史密斯-雷根 | 0.938 | |
| | ISD[4] | 0.931 | |
| | 4C/ID | 0.873 | |
| 职业教育课程开发模式的认知与应用水平 | 模块式技能组合课程模式 | 0.809 | 0.780 |
| | 能力本位课程模式 | 0.873 | |
| | 学习领域课程模式 | 0.825 | |
| | 工作过程系统化课程模式 | 0.873 | |
| | 项目课程课程模式 | 0.821 | |
| | 职业仓课程模式 | 0.468 | |
| 教师对混合教学设计理论的需求 | 学生和教师行为 | 0.906 | 0.853 |
| | 教学目标 | 0.925 | |
| | 教学内容 | 0.890 | |
| | 教学环境 | 0.905 | |
| | 教学方法 | 0.937 | |
| | 教学评价 | 0.878 | |
| | 职业教育课程混合教学设计模型 | 0.976 | |
| KMO | 0.905 | | |
| 巴特球形值 | 5394.199 | | |
| d$f$ | 190 | | |
| $p$ 值 | 0.000 | | |

## 三、问卷调查结果

### (一)教师对职业教育课程混合教学设计相关理论的学习需求

通过问题"我希望在开展混合教学时,有专门的职业教育课程混合教学设计模型作为

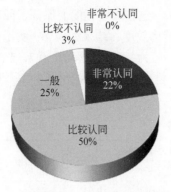

图 4-1 教师对需要专门的职业教育课程混合教学设计模型作为理论支撑的态度

理论支撑",调查教师对职业教育混合教学设计模型作为理论指导的需求,结果如图 4-1 所示。可以发现,职业院校教师对于混合教学设计的理论模型的需求较高,有 75% 的教师对希望有专门的职业教育混合教学设计模型来支持混合教学的开展持认同态度。

围绕职业教育混合教学各要素,调研教师对各类混合教学设计相关理论的学习需求,结果如图 4-2 所示。教师对各混合教学要素相关理论的学习需求基本相近,且都仅有不足 15% 的教师认为没有学习需要,各混合教学要素相关理论的学习需求均超过或接近 70%,与希望有专门的职业教育混合教学设计模型来支持混合教学开展的教师比例相近。

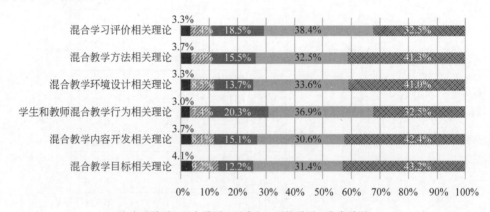

图 4-2 教师对各类混合教学设计相关理论的需求

## (二)教师对混合教学设计模型及职业教育课程开发模式的认知与应用水平

教师对已有经典教学设计模型的认知与应用情况如图 4-3 所示。可以发现,无论何种教学设计模型,均有超过 80% 以上的职业院校教师从未听说过或仅听说过但不了解,真正应用这些模型开展教学设计的教师均不足 6%。因此,从教学设计模型角度看,当前职业院校教师混合教学设计的理论基础较为薄弱。

教师对已有几类基于工作过程的职业教育课程开发模式的认知与应用情况如图 4-4 所示。相较于教学设计模型,职业院校教师对职业教育课程开发模式的认知与应用情况相对较好。其中项目课程模式是认知与应用最为广泛的课程模式,仅 11% 的教师从未听说过。但是除了项目课程模式,应用过这些基于工作过程的课程开发模式进行教学内容开发的教师比例均在 20% 左右,深度应用的教师均不足 10%,可以初步认为,职业教育课程开发仍以学科课程开发模式为主,工作过程导向的课程开发模式仍需推广应用。

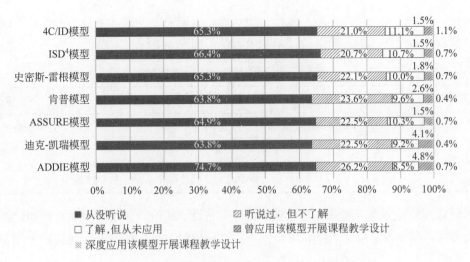

图 4-3  教师对教学设计模型的认知与应用情况

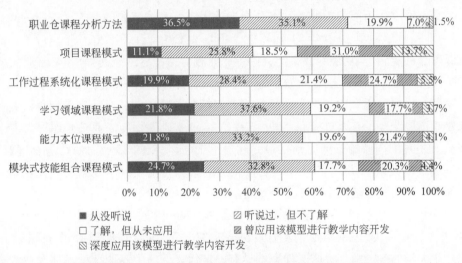

图 4-4  教师对工作过程导向课程开发模式的认知与应用情况

## 第二节  职业教育课程混合教学设计现状的案例分析

### 一、案例选择与数据搜集

案例分析法是以对案例的分析为主线掌握原理,使之达到普遍性认识的方法。通过混合教学设计课程案例的分析,可以客观呈现混合教学设计的实践现状。本节以课程混合教学设计单作为案例分析的数据样本,进行职业教育课程混合教学设计的现状研究。自2014年起,研究团队通过教师混合教学培训推进院校混合教学改革,每位参与培训的教师均填写了课程混合教学设计单,设计单内容包括课程基本信息、课程分析、单元设计与资源建设四部分,清晰呈现了课前、课中、课后三个阶段的教学活动,涉及学生、教师、教学目标、教学内容、教学环境、教学方法、教学反馈七个要素,能较为全面地反映课程混合教学设计的思路。混合教学设计单的内容框架如表 4-4 所示。

表 4-4　混合教学设计单的内容框架

| 课程基本信息 | 课 程 分 析 | 单 元 设 计 | 资源建设 |
|---|---|---|---|
| 1. 课程地位作用<br>2. 课程总体目标<br>3. 授课信息<br>4. 考核方式 | 1. 课程现存问题与解决方案<br>2. 学习单元划分 | 1. 教学目标<br>2. 教学活动设计<br>(按课前、课中、课后设计教学目标、教学资源、师生教学活动、教学评价) | 1. 资源种类数目<br>2. 资源建设方法 |

本研究搜集了历年来的课程混合教学设计单共计 594 份。为更加全面有效地分析当前职业教育课程混合教学设计现状,使研究结论具有说服力,在案例的选择过程中主要遵循以下三个原则。

(1) 案例课程的混合教学设计思路清晰,内容完整明确。

(2) 案例课程尽可能覆盖职业教育所有专业大类,根据《普通高等学校高等职业教育(专科)专业目录(截至 2019 年)》和《中等职业学校专业目录(2010 年修订)》,高等职业教育课程尽可能涵盖 19 个专业大类,中等职业教育课程尽可能涵盖 18 个专业大类。

(3) 根据《高等职业学校专业教学标准(2018)》和《中等职业学校专业教学标准(试行)》,案例尽量覆盖所有职业教育课程类型,包括公共基础课、专业基础课程、专业核心课程和专业拓展课程,并以具有职业教育特色的专业基础课程与专业核心课程为主。

按照上述案例选择的三项原则,最终确定了 15 所院校的 395 门课程的混合教学设计单作为案例分析数据。其中,有 13 所院校入选国家职业院校数字校园实验校名单,信息化建设水平在全国职业院校中处于先进地位。

395 门课程中,有 59 门课程为中职院校课程,336 门为高职院校课程。59 门中职课程覆盖 10 个专业大类,占中职专业大类的 55.6%,336 门高职课程覆盖 16 个高职专业大类,占高职专业大类的 84.2%。所选课程案例具有一定代表性。中高职课程具体专业大类分布如图 4-5 和图 4-6 所示。

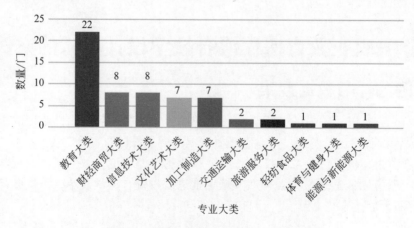

图 4-5　案例课程专业大类分布(中职)

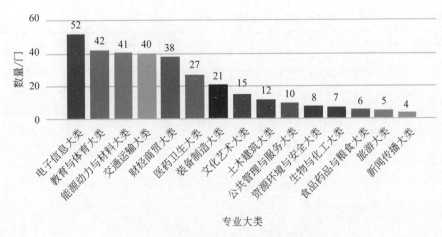

图 4-6 案例课程专业大类分布（高职）

395 门案例课程的类型分布如图 4-7 所示。案例课程以具有职业教育特色的专业核心课与专业基础课为主，合计 312 门，占所有课程的 79%，同时兼顾专业拓展课和公共基础课。

图 4-7 案例课程类型分布

## 二、案例分析框架

根据职业教育混合教学七要素，对 395 份职业院校课程混合教学设计单进行分析，具体分析框架如表 4-5 所示。其中，由于所有课程的线上教学环境均为"优慕课教育在线"网络教学平台，因此对于教学环境的分析主要以线下教学环境为依据，包括多媒体教室、实体实验实训室、虚拟仿真实验实训室、虚实融合实验实训室、多功能理实一体化室和工作场所六类。教学流程的分析按课前、课中、课后三个环节分别进行描述。教学评价设计按评价的维度（教学目标的类型）、评价所涉及的教学环境（线上网络空间或线下实体空间）、评价方式和评价类型（过程性评价或总结性评价）四个方面展开分析。

表 4-5 课程混合教学设计案例分析框架示例

| 分析项 | | 举例 |
|---|---|---|
| 学校名称 | | BHCY |
| 学校类型 | | 高职 |
| 是否实验校 | | 是 |
| 课程名称 | | 液压与气动技术 |
| 课程类型 | | 专业基础课 |
| 专业大类（中职） | | — |
| 专业大类（高职） | | 能源动力与材料大类 |
| 学生职业能力发展水平分析 | | 未分析 |
| 教师角色设计 | | 学校双师型教师为主，企业专家远程参与学生实践性教学活动（参与课后作业评价） |
| 教学目标类型 | | 知识、技能与态度 |
| 线下教学环境类型 | | 多功能理实一体化室 |
| 教学方法的应用 | | 讲授法、小组协作学习 |
| 教学活动 | 课前 | 进入虚拟实训室预习、在线作业 |
| | 课中 | 实物演示与讲解、分组实物分析、测试、实体搭建、仿真操作检测效果、点评 |
| | 课后 | 在线作业、反思 |
| 教学评价设计 | | 课前（预习 5%+ 在线作业 10%+ 在线学习时长 5%）+ 课中（技能实操 20%+ 课堂表现 15%+ 小组互评 /5%）+ 课后（在线作业 20%+ 拓展学习 10%） |

# 三、案例分析结果

## （一）关于学生职业能力发展水平分析的现状

职业教育学生职业能力发展阶段理论并没有真正落地应用。混合教学更加强调学生的自主学习，虽然所有课程均在课前设计了学生的在线自主学习活动，包括预习与预习成果检验（如在线测试、作业、问题讨论等多种形式），通过学生的自主学习结果进行课堂教学内容的调整。但是教师在对学生分析时仅描述了前置学习课程要求，所有教学设计单均未体现对学生职业能力发展水平的考量。

## （二）关于教师角色设计的现状

混合教学拓宽了企业专家参与职业院校实践教学的形式，但当前参与比例极低。通过案例分析发现职业教育课程混合教学的教师角色设计共有四类，尚未发现"企业专家为主，学校教师远程参与学生企业实践性教学活动"的教师角色分配情况，如表 4-6 所示。结果表明，学校双师型教师仍是职业教育教学的主体，有企业专家参与的课程极少，仅占所有案例课程的 6%。除了到校兼职面授，混合教学环境下企业专家还可以通过互联网远程参与学校实践性教学，包括职业情境创设、技能演示、学生学习成果评价与答疑互动，从一定意义上发挥了混合教学的优势。

表 4-6 教学教师角色的设计情况

| 教师角色 | 教学目标 | 案例数量/件 | 案例数量合计/件 |
| --- | --- | --- | --- |
| 只有学校双师型教师，无企业专家参与 | 所有 7 类教学目标 | 371 | 371 |
| 学校双师型教师为主，企业专家兼职教学面对面参与学生实践性教学活动 | 知识、技能 | 1 | 13 |
| | 知识、技能、态度 | 12 | |
| 学校双师型教师为主，企业专家远程参与学生实践性教学活动 | 知识、技能 | 1 | 9 |
| | 技能、态度 | 1 | |
| | 知识、技能、态度 | 7 | |
| 企业专家为主，学校教师面对面参与学生企业实践性教学活动 | 知识、技能、态度 | 2 | 2 |

## （三）关于教学目标设计的现状分析

当前教师开展混合教学设计时，所设计的教学目标存在七种类型：①知识；②技能；③态度；④知识与技能；⑤知识与态度；⑥技能与态度；⑦知识、技能与态度，如表 4-7 所示。可以发现，完整设计知识、技能与态度三个维度教学目标的课程仅占 21.5%，近 50% 的教师所设计的教学目标只涉及知识与技能，而忽略了学生职业态度这一深层次的高阶目标的培养，近 21.8% 的课程仅设计了一类教学目标，与职业教育培养学生知识、技能、态度整合的职业能力的理念有较大出入。

表 4-7 教学目标的设计情况

| 序号 | 教 学 目 标 | 案例数量/件 |
| --- | --- | --- |
| 1 | 知识 | 46 |
| 2 | 技能 | 33 |
| 3 | 态度 | 7 |
| 4 | 知识、技能 | 195 |
| 5 | 知识、态度 | 21 |
| 6 | 技能、态度 | 8 |
| 7 | 知识、技能、态度 | 85 |

## （四）关于教学内容开发的现状

职业教育是由实践情境构成的以过程逻辑为中心的行动体系，其课程开发要基于工作过程。通过对混合教学设计单中"学习单元划分"部分的分析，仅 103 门课程基于工作过程进行教学内容的开发，占比仅 26%，其他课程仍以普通学科教育"知识点+技能点"的方式进行教学内容的组织，职业教育工作过程导向的课程开发模式的实际应用比例较低。

## （五）关于教学方法应用的现状

对于"知识"类教学目标，不同的教学环境下均以教师"讲授法"与"小组讨论法"相结合的方式开展教学。此外，在具备实体仪器设备的实验实训室或者真实工作场所进行"知识"类教学目标教学时，还会采用"观察法"或"现场体验法"，让学生在学习仪器设备概念及其操作原理等相对抽象的内容同时，提供直接近距离观察实体仪器设备或现场体验的条件，有助于对于知识性内容的理解。

对于"技能"类教学目标，通常采用小组协作学习的方式。此外根据技能类型的不同，采用的教学方法也有所差异。智力技能类较多采用"头脑风暴法"；动作技能类以"演示—模仿法"为主，此外较多采用"案例教学法""任务驱动法""问题教学法"；表达技能类较多采用"角色扮演法""演讲法"和"辩论法"；感觉与知觉技能类则主要采用"观察法"与"现场体验法"为主。

对于"态度"类教学目标，主要通过"情境教学法"创设职业情境，部分课程也采用学生前往实际工作场所观察或体验的方式，助力于职业素养的形成。此外，部分课程采用"欣赏法"以培养职业情操，采用"游戏化教学法"提升学生的学习兴趣。

总体上，讲授法仍是使用最广泛的教学方法，395门课程中有119门课程除了讲授法外没有采用其他任何教学方法。教学方法的整体应用情况如表4-8所示。

表4-8 教学方法的整体应用情况

| 教 学 方 法 | 案例数量/件 | 教 学 方 法 | 案例数量/件 |
| --- | --- | --- | --- |
| 讲授法 | 395 | 问题教学法 | 9 |
| 小组协作学习 | 144 | 游戏化教学法 | 7 |
| 案例教学法 | 69 | 头脑风暴法 | 5 |
| 任务驱动法 | 38 | 项目教学法 | 4 |
| 演示-模仿法 | 36 | 欣赏法 | 4 |
| 情境教学法 | 18 | 演讲法 | 1 |
| 角色扮演法 | 18 | 辩论法 | 1 |
| 观察法/现场体验法 | 9 | | |

## （六）关于教学环境设计的现状

本书分析的所有课程案例均采用"优慕课教育在线"作为网络教学平台。在线下教学环境的选择上，不同教学目标选择的线下教学环境种类具有较大差异，如表4-9所示。

其中"多媒体教室"仍然是职业院校教师在各类教学目标中使用最广泛的线下课堂教学环境。共有215门课程选择多媒体教室作为线下教学环境，占所有课程的54.4%，与高达83%的专业课比例相比，可以说案例课程混合教学的线下教学环境没有达到职业教育教学场所贴近企业、能够反映或模拟职场的工作环境的要求。在实验实训环境中，实体实验实训室与虚拟仿真实验实训室的比例相近，均在18%左右，而选择虚实融合实验实训室和工作场所作为线下教学环境的课程极少，都仅有1%左右。

表 4-9 教学环境的设计情况（线下）

| 编号 | 教学目标 | 线下教学环境 | 案例数量/件 |
|---|---|---|---|
| 1 | 知识 | 多媒体教室 | 41 |
| 2 | | 实体实验实训室 | 5 |
| 3 | 技能 | 多媒体教室 | 6 |
| 4 | | 实体实验实训室 | 4 |
| 5 | | 虚拟仿真实验实训室 | 23 |
| 6 | 态度 | 多媒体教室 | 7 |
| 7 | 知识、技能 | 多媒体教室 | 105 |
| 8 | | 实体实验实训室 | 38 |
| 9 | | 虚拟仿真实验实训室 | 47 |
| 10 | | 虚实融合实验实训室 | 5 |
| 11 | 知识、态度 | 多媒体教室 | 21 |
| 12 | 技能、态度 | 多媒体教室 | 6 |
| 13 | | 实体实验实训室 | 2 |
| 14 | 知识、技能、态度 | 多媒体教室 | 35 |
| 15 | | 实体实验实训室 | 20 |
| 16 | | 虚拟仿真实验实训室 | 4 |
| 17 | | 虚实融合实验实训室 | 1 |
| 18 | | 多功能理实一体化室 | 21 |
| 19 | | 工作场所 | 4 |
| 合　计 | | | 395 |

## （七）关于教学评价设计的现状

职业教育课程混合教学评价，以教学目标为依据。案例课程采用线上线下评价相结合（其中线上评价平均占比约 30%）、过程性评价与总结性评价相结合的形式（其中过程性评价平均占比约 40%），教学评价的基本内容如表 4-10 所示。

表 4-10 混合教学评价的设计情况

| 教学目标 | 教学环境 | 教学评价形式 | 教学评价类型 |
|---|---|---|---|
| 知识 | 线上网络空间 | 在线测试、讨论、作业 | 过程性评价 |
| | 线下实体空间 | 期末考试 | 总结性评价 |
| 技能 | 线下实体空间为主 | 技能实操及报告 | 过程性评价 + 总结性评价 |
| 态度 | 线上网络空间 | 在线学习时长 | 过程性评价 |
| | 线下网络空间 | 课堂表现（出勤、互动、组内贡献） | 过程性评价 |

# 第三节　职业教育课程混合教学设计现状分析

本章通过职业院校教师的问卷调查，以及覆盖全部职业教育课程类型及大部分职业教育专业大类的课程案例分析，从混合教学设计的实践角度，呈现了当前职业教育课程混合教学设计的现状。结果表明，职业院校教师对探索混合教学的态度是积极的，对课程混合教学设计理论和方法的指导需求很高。但是在目前的混合课程教学设计中也存在以下问题。

## 一、与职业教育"产教融合、校企合作、工学结合"的理念脱节

《国家职业教育改革实施方案》提出"建立健全职业院校自主聘任兼职教师的办法，推动企业工程技术人员、高技能人才和职业院校教师双向流动"，但是通过对当前职业教育课程混合教学设计的案例分析发现，虽然当前有部分课程发挥了混合教学支持企业专家远程参与教学的优势，但是具有企业专家参与的课程比例极低，仅占所有案例课程的6%，这与校企双主体育人的理念仍有距离。此外，当前混合教学的目标设计存在考虑不全面的情况，有近80%的课程在教学目标设计时缺乏知识、技能与态度中的一项或两项，无法满足职业教育知识、技能、态度全方位的职业能力培养目标。在课程教学内容开发方面，问卷调查和案例分析结果均显示当前职业教育课程仍较多采用学科课程开发模式，仅有20%左右的课程应用基于工作过程的课程开发模式，为落实职业教育"产教融合、校企合作、工学结合"的教学理念，职业教育基于工作过程的课程开发模式的落地仍有很大空间。同时，在教学环境的选择上，案例分析结果显示当前职业教育的线下教学环境仍以多媒体教室为主，在工作场所开展实践教学的课程比例仅为1%，这与职业教育对教学环境应贴近企业真实工作环境的要求存在明显差距。

## 二、混合教学促进学生自主学习与即时反馈的优势不突出

案例分析结果表明，现有课程缺乏对学生职业能力发展阶段的分析，这在一定程度上影响面向不同职业能力发展阶段的学生需求进行自主学习活动设计的针对性与有效性。在教学方法的选择上，讲授法仍是所有课程采用的主要教学方法，教学仍以教师为中心，没有发挥混合教学让学生从被动的信息受体转变为主动支配自己学习行为、参与学习内容构建的学习者的优势。在教学环境的设计上，具有虚实融合实验实训条件的课程比例极低，无法很好地满足学生随时随地进行个性化学习的需求。在教学评价的设计上，虽然在教学设计单的支持下，已经引导教师充分考虑线上线下相结合的评价手段，但是教师动态跟踪学生学习行为、即时反馈的教学评价的理念尚未完全转变，基于线上学习行为数据开展过程性评价的教学反馈意识较弱。

## 三、教师尚未遵循混合教学设计的理论与方法

当前职业教育课程混合教学设计存在"与职业教育'产教融合、校企合作、工学结合'的理念脱节""混合教学促进学生自主学习与即时反馈的优势不突出"等问题,其主要原因是当前职业院校教师开展混合教学设计的能力存在不足,具体表现为以下三方面。

(1)教师混合教学的理念尚未完全转变:混合教学是一种以学习者为中心的将线上线下教学优势相结合的教学模式,但是当前职业院校混合教学设计中教学环境仍以多媒体教室为主、教学方法仍以讲授法为主、教学评价仍采用线下总结性评价为主,说明当前职业院校教师虽然开始进行课程混合教学设计,但是其教学理念仍未脱离传统思维,并没有真正理解为什么开展混合教学以及混合教学的优势到底是什么。

(2)教师混合教学设计理论及职业教育课程开发理论的基础薄弱:当前职业院校教师对已有教学设计模型与职业教育课程开发模式的认知与应用水平极低,学生职业能力发展阶段理论也没有应用落实,这一方面可能是因为职业院校的教师通常缺乏教育技术和职业教育的专业学习背景,且相对于普通高等教育而言,教师的学历结构偏低,另一方面可能是因为混合教学设计理论与职业教育课程开发理论跟教师实践存在错位,没有考虑职业院校教师实际,理论推广困难。

(3)教师缺乏职业教育混合教学设计的方法及工具支持:当前并无专门面向职业教育课程混合教学设计的理论模型与实践工具,本书案例分析所涉及的教学设计单也是基于面向普通教育的通用教学设计模型,缺乏对职业教育教学特点与职业院校教师特点的考虑,因此教师的混合教学设计仍出现了诸多问题。可见,当前面向职业教育,无论是混合教学设计模型还是混合教学设计单等教学设计工具,都有待进一步研究。

虽然本书的案例分析选择了相对成熟的混合教学设计案例,问卷调查选择了具有混合教学经验的教师,但是结果仍表明:职业教育课程混合教学设计仍有较大发展空间。究其原因,职业教育课程混合教学设计模型的匮乏,直接导致了职业教育教师在开展课程混合教学设计时缺乏针对性的理论及工具支持,从而无法较好地发挥混合教学促进职业教育技术技能人才培养的目标。因此,加强对结合职业教育"产教融合、校企合作、工学结合"特点和发挥混合教学"促进学生自主学习与即时反馈"优势的混合教学设计模型的研究及配套工具的开发十分必要且迫切。

具体来看,在构建职业教育课程混合教学设计模型中需要紧紧围绕职业教育混合教学七要素:

(1)引导教师将学生职业能力发展阶段分析作为课程混合教学设计的依据;

(2)引导教师根据课程实际,积极联系相关企业行业专家,以线上线下混合的多种形式参与职业教育课程教学;

(3)引导教师在教学目标设计时围绕"知识""技能""态度"三位一体的职业能力发展目标,并考虑信息技术对职业能力发展目标的重构;

（4）在教学内容设计时选择与应用适用于本课程的基于工作过程的课程开发模式，并进行数字化学习单元的分解与组织；

（5）在教学环境设计时，一方面线下教学环境需要满足贴近企业真实工作场景的要求，另一方面要充分利用虚拟仿真、虚实融合等技术，将线上虚拟网络教学空间与线下实体教学空间有机融合；

（6）在教学方法的选择上，要明确以学习者为中心和以行动为导向的思想，发挥混合教学支持多种教学方法线上线下融合使用的优势；

（7）在教学评价的设计上，既要考虑职业知识、专业技能与职业态度三个方面的考核，也要考虑线上评价与线下评价的优势，进行最优化的设计。同时，要结合职业教育混合教学七要素之间的结构关系，正确处理七要素的设计顺序。

在职业教育课程混合教学设计模型与工具开发过程中，也要充分考虑职业院校教师的理论基础与应用水平相对薄弱的现实，增强相应模型及设计工具的易用性和可操作性。

## 本章小结

虽然本章的案例分析选择了相对成熟的混合教学设计案例，问卷调查选择了具有混合教学经验的教师，但是结果均表明，虽然当前混合教学成为数字化转型背景下职业教育教学改革研究与实践的热点，但是职业教育混合教学的设计仍存在与职业教育"产教融合、校企合作、工学结合"的理念脱节、混合教学"促进学生自主学习与即时反馈"的优势不突出、教师尚未遵循混合教学设计的理论与方法等问题。因此，围绕职业教育混合教学七要素，充分体现职业教育"产教融合、校企合作、工学结合"理念、混合教学"促进学生自主学习与即时反馈"优势，且对于职业院校教师具有可操作性和易用性的职业教育混合教学设计模型的研究及配套教学设计工具的开发，为职业院校教师开展课程混合教学设计提供支持至关重要。

# 第五章　职业教育课程混合教学设计模型

本章一方面将综合已有职业教育课程开发模式，在数字化转型背景下构建基于工作过程的职业教育混合课程开发模式，在此基础上，将充分关注行动导向的教学设计过程；另一方面，在职业教育混合教学七要素基础上，结合经典教学设计模型与混合教学设计模型，构建形成职业教育课程混合教学设计模型，为职业院校教师开展混合教学提供设计框架。

## 第一节　职业教育课程混合教学设计模型的基本构成

根据职业教育课程与教学论，职业教育课程混合教学设计主要包括混合课程体系开发、混合课程开发及各学习单元的混合教学设计三个阶段。由于本书仅涉及微观层面的课程教学设计，而不涉及相对宏观的专业课程体系建构，因此以下构建的职业教育课程混合教学设计模型主要涉及混合课程开发及学习单元的混合教学设计两部分，如图5-1所示。

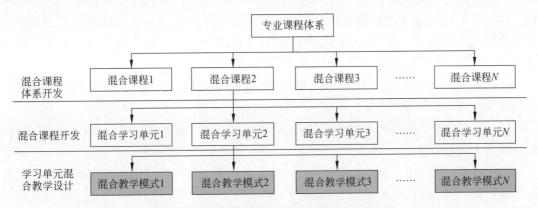

**图 5-1　职业教育课程混合教学设计的过程逻辑**

根据本书第三章论述的职业教育混合教学七要素的内涵、特点及其结构关系，以及第四章职业院校课程混合教学设计现状分析所发现的当前职业教育课程混合教学设计存在的问题，本章构建的职业教育课程混合教学设计模型主要满足以下要求：①正确处理职业教育混合教学七要素的相互关系，并按顺序进行合理设计；②充分考虑七要素满足职业教育以培养学生职业能力为目标的"产教融合、校企合作、工学结合"的特点；③充分发挥线上线下混合教学在职业教育教学各要素设计上的优势；④所构建的职业教育课程混合教学设计模型具备良好的易用性和可操作性，可以为职业院校教师提供理论方法及相应的工具支持。

## 第二节　基于工作过程的职业教育混合课程开发模式

### 一、职业教育课程开发模式分析

职业教育行动导向课程模式包括模块式技能组合课程模式、能力本位课程模式、学习领域课程模式、工作过程系统化课程模式、项目课程模式、职业仓课程模式等（详见第二章）。模块式技能组合的课程开发模式以劳动力市场需求为依据，在明确专业所对应的职业领域基础上进行岗位职业能力分析，将工作领域分解成不同的工作范围，然后将工作范围进一步分解形成具体工作，并将工作转换为相应的教学模块组合，每一模块即对应一门课程，由不同学习单元组成。能力本位课程开发以岗位职业能力为依据，采用DACUM方法进行岗位工作职责分析，并进一步分解形成不同的工作任务，最终通过教学设计将工作任务转换为学习任务，并开发相应的学习包。学习领域课程开发以职业情境为依据，首先确定与专业相关的全部职业的"行动领域"，在教育教学目标与标准下进行行动领域的评价与筛选，并将其转换为学习领域，最终将学习领域分解成具体的学习单元。工作过程系统化课程模式在学习领域课程基础上，强调对实际工作过程进行三次以上的处理，即要求每一个学习领域由至少三个学习情境构成，且每一学习情境都是独立的完整的工作过程。项目课程模式以工作任务为参照点设置课程，项目课程开发首先需要确定专业所对应的职业工作过程，并进行工作任务分析，然后围绕这些工作任务进行项目设计，一个项目即一个学习单元。"职业仓分析法"作为职业教育课程开发的基本方法，包括建立职业图谱、提炼典型职业、横向分类、纵向分级四个步骤，通过职业仓分析法形成典型职业的工作任务、工作过程或职业活动要素，并据此进行课程教学内容设计。

综合职业教育课程开发相关研究中成熟的开发模式及其基本特点，基于工作过程的职业教育课程开发主要有以下几个步骤。

（1）岗位分析：根据劳动力市场需求分析明确相应的职业领域，进行岗位分析，确定对应的工作岗位（群）。

（2）典型工作任务分析：对工作岗位（群）进一步分析，梳理出相对独立的典型工作任务，明确不同工作任务的职业能力要求。

（3）工作过程课程开发：根据工作任务的关联性及工作过程的完整性，按照职业能力发展规律整合典型工作任务，并根据教育教学特点，将不同典型工作任务群转化为不同的课程，进行课程开发。

（4）学习情境设计：选择工作过程的六要素——对象、内容、手段、组织、产品、环境中的恰当要素作为课程学习情境（即学习单元）设计的依据[1]，不同学习情境间可呈现平行、递进、包容三种关系。

---

[1] 石伟平，姜大源，徐国庆，等.课改论道 [J].江苏教育，2009(33)：8-15.

## 二、基于工作过程的职业教育混合课程开发模式构建

在上述职业教育课程开发模式的基础上,数字化转型背景下职业院校混合课程的开发思路,如图 5-2 所示。

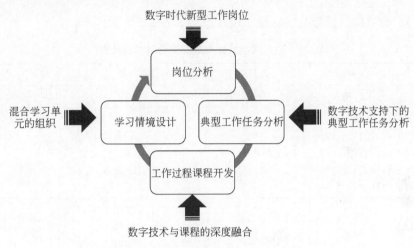

图 5-2 职业教育混合课程开发模式

### (一)数字时代新型岗位分析

数字技术对传统行业产生了巨大冲击,在进行岗位分析时应充分调研现有及未来行业需求的新型岗位。此外,岗位职业能力的内涵也发生了一定改变,在进行课程对应的岗位能力分析时必须在传统岗位能力基础上,充分探讨岗位职业能力的数字化内涵,包括数字化职业能力、数字化学习能力和综合数字素养。

### (二)数字技术支持下的典型工作任务分析

数字技术支持下的典型工作任务分析包括分析数字技术对实施典型工作任务的支持,以及涉及数字化职业能力、数字化学习能力和综合数字素养培养的典型工作任务。

### (三)数字技术与课程深度融合

一方面,将数字技术支持下的典型工作任务转化为学习任务;另一方面,需要考虑数字技术如何满足学生工作过程导向的学习、支持职业能力培养目标的实现。

### (四)混合学习单元的组织

混合学习单元的组织包括将学习任务转换为数字化学习单元,进行教学目标、教学内容和教学活动的线上线下划分。混合学习单元的组织仍选择工作过程的对象、内容、手段、组织、产品、环境中的恰当要素作为依据。

# 第三节 职业教育课程混合教学设计模型

## 一、教学设计模型及混合教学设计模型分析

已有经典教学设计模型与混合教学设计模型如表 5-1 所示。

表 5-1 经典教学设计模型及混合教学设计模型

| 模型 | 教学设计 | | | | | |
|---|---|---|---|---|---|---|
| ADDIE | 分 析 | 设 计 | 开发 | 实 施 | 评 价 | 其他 |
| 肯普 | 选择课题与任务；分析学习者特征；预测学生的准备情况；分析学科内容；确定学习需要和学习目的 | 阐明教学目标 | — | 实施教学活动；利用教学资源 | 教学评价与优化 | 辅助性服务 |
| ASSURE | 分析学习者 | 陈述教学目标；选择教学方法、媒体和资料 | — | 使用媒体和资料；要求学习者参与 | 教学评价与优化 | — |
| 迪克-凯瑞 | 确定教学目标；进行教学分析；分析学习者与环境 | 编写教学目标；开发评价工具；开发教学策略 | 开发和选择教学材料 | — | 设计和进行形成性评价；设计和进行总结性评价；修正教学 | — |
| 史密斯-雷根 | 学习环境分析；学习者特征分析；学习任务分析 | 策略设计 | 编写与制作教学材料 | — | 形成性评价；修改教学 | — |
| $ISD^4$ | 融于设计环节 | 设计 | 制造 | 运行 | 融于五个环节之间 | 基础、维护 |
| 4C/ID | 原理性技能的分解；构成技能及相关知识的分析；任务分析 | 任务设计；信息呈现设计；练习设计 | — | — | — | — |
| Stein 和 Graham | — | 教学目标设计、评价与反馈设计、描述实现学习目标的学习活动、增加学习过程的在线元素 | — | 使学生参与混合学习 | 线上线下评估、优化 | — |
| 韩锡斌等 | 教学目标分析、教学内容分析、学习者分析、课程现状分析、教学环境分析 | 确立设计原则、明确设计流程、教学资源的分解与混合设计、教学活动的分解与混合设计 | — | 实施、支持与保障 | 评估与优化 | — |
| Eagleton | 确定学习任务需求 | 设计开发与传播教学策略、学习策略、评价策略 | — | — | 评估 | — |

可以发现，不同模型对教学设计环节的侧重点略有不同。其中 ADDIE 和 $ISD^4$ 较为全面，

ISD[4]在 ADDIE 基础上，还增加了对教学设计理论基础与教学系统维护的关注。所有教学系统设计模型都有"分析"和"设计"环节，分析环节包括学习内容分析、学习者特征分析、学习环境分析等，设计环节主要包括教学目标设计、教学策略（方法）设计。部分模型将"开发"作为教学系统设计的一个环节，包括学习材料的开发和学习环境的开发。ADDIE、ISD[4]、ASSURE 和肯普模型认为"实施"主要是指使用教学材料和开展教学活动。"评价"也是大部分教学系统设计模型的核心环节，包括形成性评价、总结性评价和教学修正。

其中，相比其他教学设计模型，4C/ID 模型充分关注了职业教育技能教学目标特点。面向复杂技能训练的 4C/ID 模型，强调给学生提供一套具体的、真实的、面向实际工作实践的整体学习任务，与工作过程导向的职业教育技能型人才培养的理念十分契合，可以作为职业教育混合教学设计的参考模型，但是 4C/ID 模型缺少开发、实施与评价三个教学设计的关键环节的考量。

而混合教学设计模型的基本环节也遵循分析、设计、开发、实施与评价五维框架，但更多地考虑了教学内容、资源、活动在混合教学环境下的分解与混合。但是这些混合教学设计模型都基于大学课程，没有结合职业教育的特点，无法完全满足职业教育课程混合教学的需求。

因此研究将 4C/ID 模型作为主要参考模型，同时结合 ADDIE 等经典教学设计模型对于分析、设计、开发、实施与评价五个环节的考量，以及混合教学设计模型对于教学内容、资源、活动等在线上线下混合教学环境下的分解与混合，集各类教学设计模型的优势，构建满足数字时代技术技能人才培养需要的职业教育课程混合教学设计模型。

## 二、职业教育课程混合教学设计模型构建

在集 4C/ID 模型、ADDIE 模型和混合教学设计模型的优势基础上，围绕职业教育混合教学七要素及其结构关系，构建的职业教育课程混合教学设计模型，如图 5-3 所示。

混合课程开发阶段通过"数字时代新型岗位分析""数字技术支持下的工作任务分析""数字技术与课程深度融合""混合学习单元的组织"四个步骤形成了混合教学实施的基本单元——学习情境，然后对每一学习情境进行具体教学设计。

本书第三章提出，在职业教育课程混合教学设计时，需要首先考虑"教学目标"和"教学环境"两个要素，因此，在职业教育课程混合教学设计模型中，第一个环节即分析环节的主要目标就是分析和确定教学目标与教学环境，而教学目标分析与确定包含对"学习者"现处职业能力发展阶段的分析，因此学习者这一要素也在分析环节有所体现。在确定教学目标和教学环境后，再围绕其他要素进行教学设计。"教学内容"即学习任务，主要体现在设计环节和开发环节，包括学习任务设计和围绕学习任务所需的信息呈现设计、练习设计和相应教学资源的开发；"教学方法"体现在设计环节的"合成训练策略"，根据信息呈现方式与技能练习方式选择相应的教学方法；"教师"这一要素也体现在设计环节，根据教学目标、教学环境、教学内容、教学方法等要素，确定教师的参与角色；"教学反馈"这一要素则体现在评价环节，包括过程性评价、总结性评价和教学修正几种教学反馈形式。

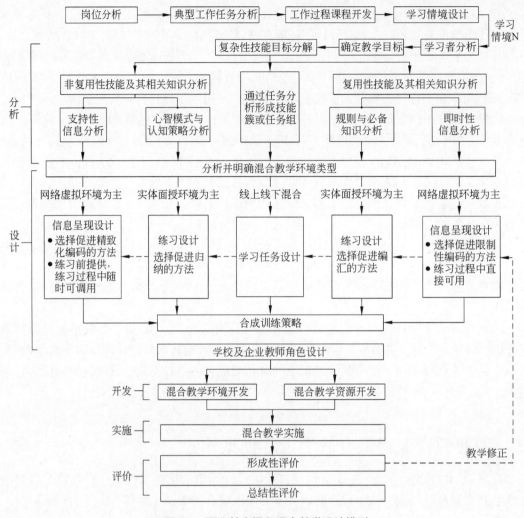

图 5-3 职业教育课程混合教学设计模型

下面对分析、设计、开发、实施和评价五个环节进行具体阐述,其中分析环节包括教学目标分析(含学习者分析、确定教学目标、复杂性技能及其相关知识分析)、分析并明确混合教学环境类型,设计环节包括学习任务设计、信息呈现设计、练习设计、合成训练策略、学校及企业教师角色设计,开发环节包括混合教学环境开发和混合教学资源开发,评价环节包括形成性评价、总结性评价及教学修正过程。

## (一) 分析环节

分析环节的主要任务是确定教学目标与教学环境。进行学习者分析,目的是了解学生的职业能力发展水平及其学习范围,以便为确定教学目标提供依据。前期混合课程开发已经明确了课程的职业能力培养目标,因此该环节教学目标分析主要是进一步确定本学习单元复杂性技能目标,并进行技能目标及其相关知识的分解,同时明确相应的学习任务组。

在进行复杂性技能及其相关知识分析后，根据教学目标特点，分析并确定混合教学环境类型及所需软硬件设施条件。混合教学模式下的学习环境主要分为网络虚拟教学环境与实体面授教学环境两大部分。其中，网络教学空间主要是指具备充足数字化教学资源、支持师生开展各类在线教学活动的在线自主学习环境，包括网络教学平台支撑的教师的教学空间和学生的学习空间。当前职业院校实体面授教学环境主要有多媒体教室、实体实训室、虚拟仿真实训室、虚实融合实训室、多功能理实一体化室、工作场所（包括校内工作坊和企事业单位）等几大类型（详见第三章分析）。

## （二）设计环节

设计环节主要包括复用性技能/非复用性技能练习设计、支持性信息呈现设计、即时性信息呈现设计、合成教学策略和学校及企业教师角色设计。

### 1. 复用性技能/非复用性技能练习

无论是复用性技能还是非复用性技能，都要求学习者不断操练，以达到熟练的程度。混合教学模式下技能练习包括课前线上的体验式练习或仿真练习、课中的集中实操练习、课后的巩固练习。其中复用性技能强调技能重复操练达到自动化，而非复用性技能则强调技能在不同情境下的练习，以增强技能迁移能力。

### 2. 支持性信息呈现

支持性信息主要为技能相关理论知识，以陈述性知识为主，在技能练习前提供，以课前线上学习为主，同时课中、课后阶段加强对支持性信息掌握情况的检验。

### 3. 即时性信息呈现

即时性信息主要为技能相关程序、规则，以程序性知识为主，一般在技能训练过程中提供，包括课前线上的体验式练习或仿真练习、课中的集中实操练习、课后的巩固练习阶段。即时性信息以线上学习资源呈现为主，此外，线下技能演示也属于即时性信息范畴。

### 4. 合成教学策略

合成教学策略即应用一定的教学方法将技能练习与信息呈现相结合，形成完整的学习过程。在合成教学策略时需要在整合技能和知识目标的教学活动程序基础上，增加对职业态度培养的考虑，主要通过教学方法的应用，如采用小组协作学习增强对学生合作精神的培养等。

### 5. 学校及企业教师角色设计

根据合成的教学策略和实际条件，重新定位学校与企业教师的角色。混合教学模式下职业教育学校教师与企业专家在教学角色的分配上主要可以分为五种类型：①只有学校双师型教师，无企业兼职教师参与；②学校双师型教师为主，企业人员兼职教师面对面参与学生实践性教育教学活动；③学校双师型教师为主，企业人员远程参与学生实践性教育教学活动；④企业人员为主，学校教师面对面参与学生企业实践性教育教学活动；⑤企业人员为主，学校教师远程参与学生企业实践性教育教学活动。学校及企业教师的角色设计包括确定是否需要企业教师参与，是否由一名主讲教师转变为专业化的教学团队教学，是否需要在线的 E-Tutor 和 E-Expert（详见第三章分析）。

### （三）开发环节

混合教学环境与教学材料的开发，需要在分析已有的教学环境与教学材料条件基础上，对照设计环节形成的混合教学模式的活动程序与实现条件，明确开发的目标。混合教学环境的开发包括网络虚拟教学环境的开发与实体面授教学环境的开发，其中网络虚拟教学环境的开发一般指混合课程的开发，包括线上教学活动的组织与数字化教学资源的开发与上传。

### （四）实施环节

在完成教学环境与资源开发后，就可以根据混合教学模式的活动程序开展混合教学，包括课前、课中和课后三个阶段。

### （五）评价环节

混合教学评价包括形成性评价与总结性评价，此外，在教学评价环节还需要根据评价结果不断修正教学。需要注意的是，职业教育评价与普通学科教育也存在一定差异，职业教育混合教学评价尤其是总结性评价，需要结合职业教育教学目标的特点，对职业能力进行综合评价，即对理论知识、实操技能和职业态度进行评价。目前比较常见的职业能力评价主要有三种模式：行为样本的评价模式、工作现场观察的评价模式和已有绩效的评价模式（详见第三章分析）。其中混合教学支持借助大数据的线上评价方法，可以实现学生学习过程的完整记录，形成学生学习电子档案袋，为已有绩效的评价模式创设了良好的条件。

## 三、职业教育课程混合教学设计模型的应用示例

研究者以高职数控机床专业的一门专业核心课程《零件的二轴数控编程与加工》为例，具体呈现职业教育课程混合教学设计模型的应用过程。

### （一）混合学习单元开发

该门课程旨在培养学生具备国家职业标准中数控车床中级工的职业能力，未来能够胜任各类企业的数控车床零件编程和加工的工作。具体包括能根据实际设备情况，合理选择机床、刀具、夹具，完成加工工艺卡的编制；能根据所给定的数控车零件加工图样，完成数控车床加工程序的编制；能运用斯沃仿真软件，输入加工程序，完成仿真模拟；能根据给定机床，正确操作机床，完成零件的加工四个典型工作任务。选择"制作调节座""改制螺旋千斤顶"和"活动式顶盖"三个主要工作对象，采用"递进"的学习单元组织方式，即每一学习单元均包含"加工工艺卡编制""程序编制""程序仿真模拟""零件加工"四个工作任务，工作对象难度逐级上升。该课程的学习单元如表 5-2 所示。

表 5-2 《零件的二轴数控编程与加工》学习单元

| 项 目 名 称 | 学 习 单 元 |
|---|---|
| 项目一 制作调节座 | 1.1 制作调节座之加工旋杆 |
|  | 1.2 制作调节座之加工底座 |
|  | 1.3 制作调节座之加工顶杆 |
|  | 1.4 制作调节座之加工螺母 |
| 项目二 改制螺旋千斤顶 | 2.1 改制螺旋千斤顶之加工螺杆 |
|  | 2.2 改制螺旋千斤顶之加工螺母 |
|  | 2.3 改制螺旋千斤顶之加工顶盖 |
|  | 2.4 改制螺旋千斤顶之加工螺钉 |
| 项目三 改进活动式顶盖 | 3.1 子项目九改进活动式顶盖之改制顶盖 |

## （二）学习单元的混合教学设计

选择"子项目 1.2 制作调节座之加工底座"为例进行混合教学设计。

### 1. 学习者分析

在学习准备方面，学习者已经学习了机械制图、典型零件的工艺分析等课程，对读图、工艺有了初步认识，但并没有真实接触数控车床，职业能力发展水平处于进步的初学者阶段，因而在教学过程中，应更多地提供学生定向和概况知识组成的确定性的工作任务，提升学生特定的职业能力。

### 2. 复杂性技能分解

本学习单元的复杂性技能也包括四个方面，即"加工工艺卡编制""程序编制""程序仿真模拟""零件加工"。

### 3. 学习任务分析

单元学习任务结构如图 5-4 所示。"加工工艺卡编制"对应学习任务一"分析底座工艺"，将程序编制与程序仿真模拟的技能合并，进一步分析形成"完成底座精加工程序（圆弧插补指令）""完成底座粗精加工程序（G73、G70 循环指令）"和"完善底座粗精加工程序（G71 循环指令）"任务组，"零件加工"对应任务五"加工零件底座"。

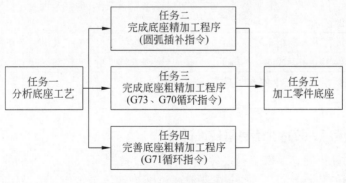

图 5-4 学习任务组结构

### 4. 复用性技能/非复用性技能及其相关知识分析

由于任务二~任务四的教学活动存在相似性，因此选择任务一、任务二和任务五为例，进行具体的分析与设计。三个任务所涉及的复用性技能/非复用性技能及其相关知识如表 5-3 所示。

表 5-3 复用性技能/非复用性技能及其相关知识分析

|  | 任务一：分析底座工艺 | 任务二：完成底座精加工程序（圆弧插补指令） | 任务五：加工零件底座 |
|---|---|---|---|
| 非复用性技能 | • 底座零件图的节点计算<br>• 编写带内孔的零件加工工艺 | 运用 G02、G03 编写内外圆的精车程序 | • 操作机床完成内孔的加工<br>• 操作量具完成内孔的检测 |
| 支持性信息 | • 节点和基点的基本概念<br>• 孔的加工工艺 | G02、G03 指令格式 | 孔加工的要点 |
| 复用性技能 | 运行 autoCAD 计算程序 | G02、G03 运用判断并运用模拟软件验证程序 | 运行机床进行内孔加工 |
| 即时性信息 | autoCAD 运行程序 | 模拟软件运行程序 | 机床操作程序 |

### 5. 教学环境分析及技能练习设计

无论是复用性技能还是非复用性技能，技能的练习都应贯穿课前、课中、课后各个阶段，通过多次练习以达到技能熟练化程度，如任务一之分析底座工艺中涉及的非复用性技能"底座零件图的节点计算"，要求在课前、课中、课后分别给予不同的零件图练习情境，以增强非复用性技能的迁移能力。课前、课后的练习环境以网络教学平台为主，而课堂面授教学环境则基于技能本身性质，部分要求操作计算机的技能安排在虚拟实训室（机房），而任务五要求进行机床实操，则安排在有机床设备的实体实训室。教学环境及技能练习设计如表 5-4 所示。

表 5-4 教学环境分析及技能练习设计

| 学习任务 | 技能练习设计 | 教学环境 | | |
|---|---|---|---|---|
|  |  | 课前 | 课中 | 课后 |
| 任务一：分析底座工艺 | 运用 autoCAD 计算节点 | 网络教学平台 | 虚拟实训室（机房） | 网络教学平台 |
|  | 编写带内孔的零件加工工艺文件 | 网络教学平台 | 虚拟实训室（机房） | 网络教学平台 |
| 任务二：完成底座精加工程序（圆弧插补指令） | 使用【模拟软件】验证 G02、G03 示例程序，直观感受 G02、G03 的区别 | 网络教学平台 | 虚拟实训室（机房） | 网络教学平台 |
|  | 编写内外圆精车程序 | 网络教学平台 | 虚拟实训室（机房） | 网络教学平台 |
| 任务五：加工零件底座 | 操作机床完成内孔的加工 | 网络教学平台 | 实体实训室 | 网络教学平台 |
|  | 操作量具完成内孔的检测；填写工艺文件 | 网络教学平台 | 实体实训室 | 网络教学平台 |

### 6. 支持性信息/即时性信息呈现设计

针对非复用性技能，需要在技能练习前提供支持性信息，如任务一涉及的非复用性技能"底座零件图的节点计算"，要求在课前通过网络教学平台以 PPT 和讲义的形式呈现节点和基点的基本概念，让学生在技能练习前自主学习。针对复用性技能，需要在技能练习过程中提供即时性信息，如任务二中涉及的复用性技能"使用模拟软件验证 G02、G03 示例程序"，在技能练习时提供模拟软件使用程序的微课视频。此外，面向非复用性技能练习过程中隐含的部分复用性技能操作程序，也需要提供即时性信息，如任务五涉及的非复用性技能"操作机床完成内孔的加工"中隐含的操作机床这一复用性技能操作程序，需要在学生操作过程中提供即时性信息"教师演示机床操作"，同时在网络教学平台提供演示视频，方便学生遇到问题时随时学习。支持性信息和即时性信息呈现设计如表 5-5 所示。

表 5-5 支持性信息/即时性信息呈现设计

| 学习任务 | 复用性/非复用性技能 | 信息呈现设计 | | |
|---|---|---|---|---|
| | | 课前 | 课中 | 课后 |
| 任务一：分析底座工艺 | 非复用性技能：底座零件图的节点计算 | 网络教学平台呈现支持性信息：【PPT】节点和基点的基本概念【讲义】讲稿 | | 网络教学平台提供即时性信息：【视频】节点计算演示 |
| | 复用性技能：运行 autoCAD 计算程序 | 网络教学平台呈现即时性信息：【视频】autoCAD 的使用程序 | 虚拟仿真实训室提供即时性信息：【演示】教师演示节点计算 | |
| | 非复用性技能：编写带内孔的零件加工工艺文件 | 网络教学平台呈现支持性信息：【PPT】孔的加工工艺 | 虚拟仿真实训室提供即时性信息：【演示】教师示范工艺卡的填写 | 网络教学平台呈现即时性信息：【PPT】工艺卡的填写 |
| 任务二：完成底座精加工程序（圆弧插补指令） | 复用性技能：使用【模拟软件】验证 G02、G03 示例程序，直观感受 G02、G03 的区别 | 网络教学平台提供即时性信息：【微课】模拟软件的使用程序；【PPT】G02、G03 运用判断要点 | | 网络教学平台提供即时性信息：【微课】模拟软件的使用程序；【PPT】G02、G03 运用判断要点 |
| | 非复用性技能：编写内外圆精车程序 | 网络教学平台提供支持性信息：【微课】G02、G03 指令格式 | 虚拟仿真实训室提供支持性信息；【PPT】G02、G03 指令格式 | 网络教学平台提供支持性信息：【微课】G02、G03 指令格式 |
| 任务五：加工零件底座 | 非复用性技能：操作机床完成内孔的加工 | 网络教学平台提供支持性信息：【视频】孔加工的要点 | 实体实训室提供即时性信息：【演示】教师演示机床操作；网络教学平台提供即时性信息：【视频】机床操作 | |
| | 非复用性技能：内孔检测；填写工艺文件 | | 网络教学平台提供即时性信息：【视频】内孔测量方法 | |

### 7. 合成训练策略

通过将学习任务中的技能练习与信息呈现设计进行整合，得到每一学习任务的教学活动程序，同时增加教学方法的应用以培养学生的职业态度，任务一和任务二均采用了小组协作学习的教学方法，以培养学生的协作精神，任务五采用了自我反馈教学法，通过学生课后总结反思，增强其职业精神，如图 5-5 ~ 图 5-7 所示。

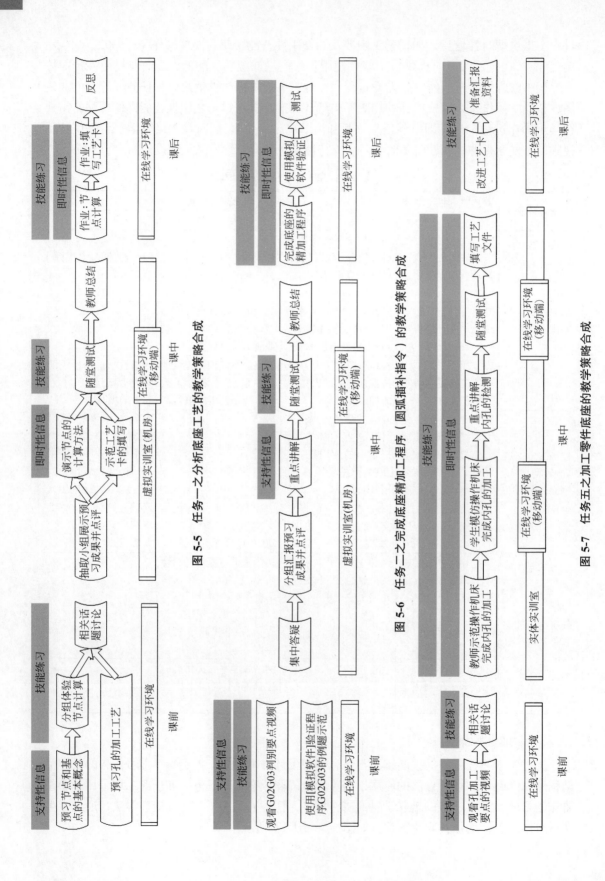

图 5-5 任务一之分析底座工艺的教学策略合成

图 5-6 任务二之完成底座精加工程序（圆弧插补指令）的教学策略合成

图 5-7 任务五之加工零件底座的教学策略合成

### 8. 学校及企业教师角色设计

该课程是"校企合作、课证融通"的改革试点课程,具备企业人员参与教学的基本条件。企业人员参与教学的形式将根据不同学习任务的复杂性技能目标特点分别设计,其中任务一~任务四只涉及软件操作,技能产出成果可在线观测,因而企业人员只需以 E-Expert 的形式远程参与学生作品的评估与在线答疑,而开展任务五加工零件底座时,企业人员则会以兼职教师的身份到校面对面指导学生实操。

### 9. 开发与实施

基于上述分析与设计结果,在网络教学平台上进行混合课程的开发和相应教学资源的开发与上传,同时进行实体课堂面授教学环境的准备。混合课程如图 5-8 所示。

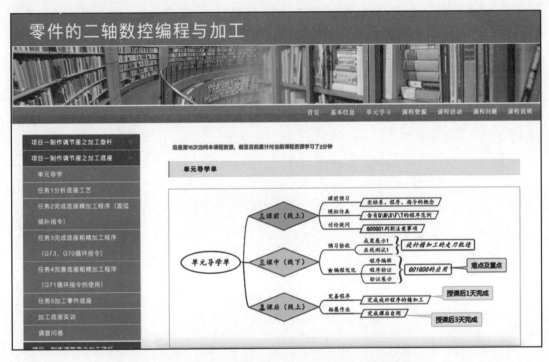

图 5-8 《零件的二轴数控编程与加工》混合课程截图

### 10. 评价与修正

课程采用已有绩效的评价模式和行为样本的评价模式相结合的形式,一方面通过网络教学平台记录学生学习过程,进行对已有绩效的形成性评价,占学生总评成绩的 60%;另一方面采用行为样本的评价模式进行总结性评价,进行期末测评,占学生总评成绩的 40%。

此外,课程结束后,教师通过"你对本门课程的教学是否满意"这一问题,采用李克特五点量表的形式调查全体学生对课程的满意度,结果显示对课程非常满意和满意的学生占所有学生的 97.5%,说明课程混合教学设计的效果较好。同时要求学生为课程优化提出建议,学生提出了学习任务多、时间紧张等反馈建议,有助于进一步修正学习任务设计、练习设计和信息呈现设计。

# 本 章 小 结

本章以充分体现职业教育混合教学七要素结构关系、满足职业教育"产教融合、校企合作、工学结合"特点、发挥混合教学"促进学生自主学习与即时反馈"优势,且对职业院校教师具有易用性和可操作性为要求,以已有基于工作过程的职业教育课程开发模式、4C/ID 模型为主要参考模型,同时借鉴以 ADDIE 为代表的典型教学设计模型、韩锡斌等提出的混合教学设计理论,构建了职业教育课程混合教学设计模型。该模型丰富了教学设计流程,将职业教育课程混合教学设计分为混合课程开发及单元混合教学设计两个阶段,其中混合课程开发包括数字时代新型岗位分析、典型工作任务分析、数字技术与课程深度融合、混合学习单元组织四个环节,单元混合教学设计又可划分为分析、设计、开发、实施、评价五个环节。

# 第六章　职业教育课程混合教学设计模型的应用

本章主要是面向 8 所职业院校的 472 位教师及其课程开展职业教育课程混合教学设计模型的应用研究。一方面，通过教师问卷调查和个案准实验研究验证该模型对指导职业院校教师开展课程混合教学设计的有效性，通过对所有课程应用案例的梳理与提炼，验证该模型对指导不同类型课程开展混合教学设计的通用性；另一方面，通过对教师的访谈，了解职业教育课程混合教学设计模型存在的不足和改进的方向，从而对该模型进行迭代优化。

## 第一节　职业教育课程混合教学设计模型的应用工具

职业教育课程混合教学设计模型是抽象的理论模型，要投入职业院校教师应用需要进行工具化，如开发相应的职业教育课程混合教学设计单。教学设计单结构如表 6-1 所示。

表 6-1　职业教育课程混合教学设计单结构

| 一级栏目 | | | 二级栏目 | | | | | |
|---|---|---|---|---|---|---|---|---|
| 课程基本信息 | | | 课程名称 | | | | | |
| | | | 课程类型及所属专业大类 | | | | | |
| | | | 课程地位与作用 | | | | | |
| | | | 课程总体教学目标 | | | | | |
| 课程学习单元划分 | | | 岗位分析（说明本课程面向的职业岗位） | | | | | |
| | | | 典型工作任务分析 | | | | | |
| | | | 学习情境设计（包括学习情境设计依据、学习情境之前的关系） | | | | | |
| 选择学习单元 | 任务分析 | | 形成技能簇或任务组 | | | | | |
| | 学习者分析 | | 学生修读要求（说明对修读学生的职业能力要求及先修课程要求） | | | | | |
| | | | 选课学生及人数 | | | | | |
| | | | 选课学生的职业能力发展水平及其学习范围 | | | | | |
| 学习单元教学设计 | 确定教学目标 | | 知识目标 | | | | | |
| | | | 技能目标 | | | | | |
| | | | 态度目标 | | | | | |
| | 确定教学环境类型 | | 线下实体教学环境 | | | | | |
| | | | 线上网络教学环境 | | | | | |
| | 技能及其相关知识分析 | | 复用性技能 | | | 即时性信息（程序、方法等） | | |
| | | | 非复用性技能 | | | 支持性信息（概念、原理等） | | |
| | 教学活动设计 | 课前 | 技能目标 | 教学环境 | 教学资源 | 教学活动 | 教师角色 | 教学评价 |
| | | 课中 | 技能目标 | 教学环境 | 教学资源 | 教学活动 | 教师角色 | 教学评价 |
| | | 课后 | 技能目标 | 教学环境 | 教学资源 | 教学活动 | 教师角色 | 教学评价 |
| 课程综合评价 | | | 评价内容、形式及占比 | | | | | |

借助研究团队开展的职业院校教师信息化教学能力提升研讨班，面向 8 所职业院校的 472 位教师开展职业教育混合教学设计主题报告，并指导教师利用上述职业教育课程混合教学设计单进行课程教学设计，形成完整的混合教学方案。

每次培训结束后，要求教师填写相应调查问卷，调研教师对职业教育课程混合教学模型的认可度，并通过对教师进行访谈，分析并明确模型存在的问题及可以优化的方向。

## 第二节　职业教育课程混合教学设计模型的教师认可度调查

### 一、问卷设计

职业教育课程混合教学设计工具基于职业教育课程混合教学设计模型开发，在培训过程中，教师通过实操直观感受了该工具的应用效果，因此相比于抽象的模型图，对教师应用职业教育课程混合教学设计工具后的态度进行问卷调查，可以更准确地反映教师对职业教育课程混合教学设计模型的主观认可度。技术接受模型（technology acceptance model，TAM）旨在预测和解释用户在面对新技术时的态度和行为（Davis，1989），可以作为调研教师对职业教育课程混合教学设计工具的态度的参考模型，TAM 模型主要由以下几个元素组成。

（1）感知易用性：用户对采用新技术的难度的主观判断。
（2）感知有用性：用户对采用新技术可以增加工作效用的主观认识。
（3）应用意向：用户采用新技术的主观意愿。
（4）使用行为：用户实际采用新技术的行为。

由于教师在培训过程中，已经被要求应用职业教育课程混合教学设计工具进行课程教学设计，均具备使用行为，因此主要采用感知易用性、感知有用性及应用意向三个元素。感知易用性主要是指教师认为上述构建的职业教育课程混合教学设计工具是易于理解且具有可操作性的。感知有用性则指教师认为该混合教学设计工具可以有效支撑教师进行混合教学设计。应用意向是指教师愿意在培训后应用职业教育课程混合教学设计工具继续开展教学设计。

此外，Venkatesh 和 Bala[1] 认为感知有用性和感知易用性受用户个人差异、系统特征、社群影响和便利条件等外部变量的影响。下面也将调研教师的个体差异及对混合教学的态度两个外部变量对教师接受职业教育课程混合教学设计工具的影响。教师个体差异主要选取年龄、最高学位、参与混合教学改革时长三个变量，而教师对混合教学的态度也将采用感知易用性、感知有用性及应用意向三个维度。

具体问题的设置主要参考教育部教育信息化"十三五"发展战略项目"职业教育信息化发展战略"的相关问卷（2015）。问卷如表 6-2 所示。

---

[1] Venkatesh V, Bala H. Technology acceptance model 3 and a research agenda on interventions[J]. Decision Science, 2008, 39(2): 273-315.

表 6-2　教师对应用职业教育课程混合教学设计工具的态度的调查问卷

| 变量 | 测量指标 | 指标来源 |
|---|---|---|
| 教师个体差异 | 年龄 | Davis（1989）；Venkatesh 和 Bala（2008）；教育部教育信息化"十三五"发展战略项目"职业教育信息化发展战略"相关问卷（2015） |
| | 最高学位 | |
| | 参与混合教改时长 | |
| 教师对混合教学的态度 | 使用混合教学模式开展教学对我而言是容易的 | |
| | 混合教学模式可以促进教育质量提升 | |
| | 我愿意应用混合教学模式开展日常教学 | |
| 教师对应用职业教育课程混合教学设计工具的态度 | 职业教育课程混合教学设计工具对我而言是易于理解与操作的 | |
| | 职业教育课程混合教学设计工具可以对我开展课程混合教学设计提供帮助 | |
| | 我愿意应用职业教育课程混合教学设计工具开展教学设计 | |

## 二、数据收集及信效度分析

本次问卷调查共回收问卷 472 份，有效回收率 100%。应用 SPSS Statistics 20 软件进行问卷信效度的分析。首先采用 Cronbach's $\alpha$ 进行信度检验，问卷的信度如表 6-3 所示。

表 6-3　调查问卷的信度分析

| 变量 | 题项数 | Cronbach's $\alpha$ 系数 |
|---|---|---|
| 教师对混合教学的态度 | 3 | 0.733 |
| 教师对职业教育课程混合教学设计工具的态度 | 3 | 0.742 |
| 问卷总信度 | 9 | 0.562 |

教师对混合教学的态度和教师对应用职业教育课程混合教学设计工具的态度两个变量的 $\alpha$ 系数值大于 0.7，问卷的整体信度也大于 0.5，说明本问卷信度相对较好。

本问卷的题目均改编自前人问卷，具有良好的内容效度。此外，采用探索性因子分析方法对问卷的结构效度进行分析，结果如表 6-4 所示。各测量项目的因子载荷都在 0.7 以上，各变量的组合信度也均接近 0.7，说明问卷结构效度较好。

表 6-4　调查问卷的效度分析

| 变量 | 测量项目 | 因子载荷 | 组合信度 |
|---|---|---|---|
| 教师对混合教学的态度 | 使用混合教学模式开展教学对我而言是容易的 | 0.807 | 0.618 |
| | 混合教学模式可以促进教育质量提升 | 0.735 | |
| | 我愿意应用混合教学模式开展日常教学 | 0.885 | |
| 教师对应用职业教育课程混合教学设计工具的态度 | 职业教育课程混合教学设计工具对我而言是易于理解的 | 0.800 | 0.647 |
| | 职业教育课程混合教学设计工具可以对我开展课程混合教学设计提供帮助 | 0.767 | |
| | 我愿意应用职业教育课程混合教学设计工具开展教学设计 | 0.873 | |
| KMO | 0.747 | | |
| 巴特球形值 | 953.769 | | |

续表

| 变量 | 测量项目 | 因子载荷 | 组合信度 |
|---|---|---|---|
| d$f$ | 15 | | |
| $p$ 值 | 0.000 | | |

## 三、教师对模型的认可度分析

问卷采用李克特五级量表的形式对职业教育课程混合教学设计工具的感知易用性、感知有用性及应用意向进行调查,数值 1~5 分别代表"非常不认同""比较不认同""一般""比较认同"和"非常认同",即数值越大,代表相应的感知易用性、感知有用性和应用意向越高。统计结果如表 6-5 所示。

表 6-5 感知易用性、感知有用性及应用意向调查统计结果

| 变量 | 非常认同 | 比较认同 | 一般 | 比较不认同 | 非常不认同 | 均值 | 标准差 |
|---|---|---|---|---|---|---|---|
| 感知易用性 | 8.7% | 43.6% | 41.3% | 5.7% | 0.6% | 3.54 | 0.759 |
| 感知有用性 | 17.4% | 52.5% | 26.7% | 3.2% | 0.2% | 3.84 | 0.749 |
| 应用意向 | 11.9% | 53.0% | 32.2% | 3.0% | 0 | 3.74 | 0.701 |

感知易用性、感知有用性及应用意向三个变量的均值均高于 3,说明教师对职业教育课程混合教学设计工具的感知易用性、感知有用性及应用意向较高,平均水平都处于"比较认同"状态。其中,教师的感知有用性最高,有 80% 的教师认为职业教育课程混合教学设计工具对他们开展混合教学设计有帮助。此外,没有教师对"我愿意应用职业教育课程混合教学设计工具开展教学设计"表示"非常不认同"。教师对职业教育课程混合教学设计工具的态度反映了教师对职业教育课程混合教学设计模型具有较高的主观认可度。

根据技术接受模型,利用 SPSS Statistics 20 软件进一步分析职业教育课程混合教学设计工具的感知易用性、感知有用性和应用意向的相互影响关系,分析结果如表 6-6 所示。

表 6-6 感知易用性、感知有用性及应用意向的相关矩阵

| | 变量 | 感知易用性 | 感知有用性 | 应用意向 |
|---|---|---|---|---|
| Correlation | 感知易用性 | 1.000 | 0.376 | 0.527 |
| | 感知有用性 | 0.376 | 1.000 | 0.577 |
| | 应用意向 | 0.527 | 0.577 | 1.000 |
| Sig.(1-tailed) | 感知易用性 | — | 0.000 | 0.000 |
| | 感知有用性 | 0.000 | — | 0.000 |
| | 应用意向 | 0.000 | 0.000 | — |

结果表明,教师对职业教育课程混合教学设计工具的感知易用性、感知有用性和应用意向之间存在显著的相关关系 $p<0.01$。因此,在后续优化职业教育课程混合教学设计模型及相应教学设计工具时,可以重点关注提高感知易用性和感知有用性,尤其是提升当前相对较低的感知易用性,进而提升教师的应用意向。

## 四、教师对模型认可度的影响因素分析

本节主要通过 Amos Graphics 软件构建结构方程模型分析教师个体差异和混合教学态度对职业教育课程混合教学设计模型认可度的影响,其中职业教育课程混合教学设计模型的认可度直接由教师对职业教育课程混合教学设计工具的态度表示。结构方程模型拟合优度(GFI)为 0.985,大于 0.9。数据分析结果如图 6-1 和表 6-7 所示。

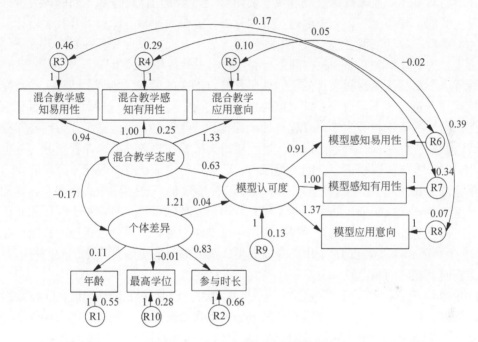

图 6-1 Amos Graphics 模型建构

表 6-7 路径系数表

| 分析维度 | Estimate | S.E. | C.R. | p |
| --- | --- | --- | --- | --- |
| 模型认可度←个体差异 | 0.035 | 6.132 | 0.006 | 0.995 |
| 模型认可度←混合教学态度 | 0.634 | 0.077 | 8.180 | *** |
| 个体差异↔混合教学态度 | −0.170 | 29.626 | −0.006 | 0.995 |

可以发现,教师对职业教育课程混合教学设计模型的整体认可度受教师个体差异的影响不显著,但是教师对混合教学的态度却极其显著地影响教师对职业教育课程混合教学设计模型的认可度,说明教师对职业教育课程混合教学设计模型的接受度更多地受教师主观认知态度的影响,而不是受其个体客观条件的影响,因此在模型后续的优化中,要进一步体现混合教学的特点与优势,从而提升教师对该模型的认可度。

教师对混合教学的态度与教师对模型的认可度存在极其显著的相关关系,这也从另一方面说明,提升本模型的感知易用性和有用性,也将极大地促进教师对混合教学的态度,本模型可以为推进职业院校教师开展混合教学提供有力支持。

# 第三节 职业教育课程混合教学设计模型的应用案例分析

## 一、案例分析的目标与思路

本节将对应用职业教育课程混合教学设计模型的 472 门课程按照不同课程类型进行混合教学方案的梳理与提炼,一方面通过案例分析,证明职业教育课程混合教学设计模型对指导不同类型课程开展混合教学设计的通用性,另一方面可以形成多种职业教育课程混合教学方案,为后续推动职业院校教师进行混合教学设计提供案例指导。

课程类型是指按照课程设计的不同性质和特点形成的课程类别[1]。已有一些研究从不同角度对课程进行了不同分类:以课程的表现形式为依据,分为显性课程与隐性课程;以学科逻辑组织为依据,分为学科课程与活动课程;以课程空间为依据,分为核心课程与外围课程。职业教育领域,黄艳芳以工作过程逻辑为依据,将职业教育课程划分为基本素质类课程、职业技能类课程、综合能力类课程、职业资格考证课程。我国《高等职业学校专业教学标准(2018 年)》和《中等职业学校专业教学标准(试行)》中,将职业教育课程分为公共基础课和专业课程,其中专业课程又分为专业基础课程、专业核心课程和专业拓展课程。可以发现,当前职业教育课程类型仍是以专业为基础。但是由于当前我国职业教育涉及 19 个高职专业大类和 18 个中职专业大类,细分的专业更是近千个,面向每一专业的各类课程研究相应的混合教学方案工作量大、可行性低。

无论是将职业教育课程类型划分为公共基础课、专业基础课程、专业核心课程和专业拓展课程,还是将职业教育课程类型划分为基本素质类课程、职业技能类课程、综合能力类课程、职业资格考证课程,其本质仍是教学目标的不同。肯普模型将确定学习需要和教学目标作为教学设计的核心,第三章对职业教育混合教学七要素的论述也表明,教学目标是混合教学设计时首要考虑的要素,同时教学目标受教学环境的影响与制约,两个要素共同影响其他几个要素的设计,决定了课程混合教学设计的基本思路。因此,本书将教学目标作为不同类型课程划分的主要依据,同时考虑教学环境的差异。在此基础上,为体现职业教育"产教融合、校企合作、工学结合"特点,将是否有企业专家作为兼职教师参与,以及企业专家的参与角色,也作为不同类型课程混合教学方案分析时的分类要素。

职业教育的核心目标是职业技能的提升,同时以适度够用的知识为辅,伴随职业态度的提升。因此,可以将用职业技能目标类型代表教学目标类型,包括智力技能、动作技能、感觉与知觉技能、表达技能四类。而将教学环境作为区分不同类型课程混合教学方案的依据时,也主要采用线下教学环境的类型,包括多媒体教室、实体实验实训室、虚拟仿真实验实训室、虚实融合实验实训室、多功能理实一体化教室与工作场所六类,教师的角色设计包括"只有学校双师型教师,无企业专家参与""学校双师型教师为主,企业专家

---

[1] 黄艳芳. 职业教育课程与教学论 [M]. 北京:北京师范大学出版社,2010.

兼职教师面对面参与学生实践性教育教学活动""学校双师型教师为主，企业专家远程参与学生实践性教育教学活动""企业专家为主，学校教师面对面参与学生企业实践性教育教学""企业专家为主，学校教师远程参与学生企业实践性教育教学"五类。

职业教育课程混合教学设计案例分析的课程分类框架如图6-2所示。

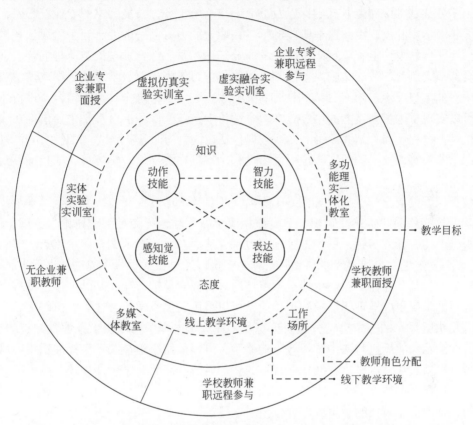

图 6-2　职业教育课程混合教学设计案例分析的课程分类框架

案例分析以应用职业教育课程混合教学设计模型开展混合教学设计形成的混合教学设计单为主要数据，同时登录每一门课程的在线课程网站，检验各学习单元混合教学设计的实际建设与实施情况。在这些教学设计单和相应的在线课程基础上，梳理出来每一门课程学习单元的具体教学活动程序，形成不同教学目标、不同教学环境和不同教师角色下的课程混合教学方案。研究得到18类课程职业教育课程混合教学方案。

## 二、不同类型职业教育课程的混合教学设计

### （一）以智力技能培养为核心的课程混合教学设计

#### 1. 智力技能—多媒体教室—无企业专家参与

智力技能是指在大脑中进行的认知活动能力，以培养智力技能为核心的课程主要为各专业的公共基础课和专业基础课，同时包括少量专业核心课程，如财务会计类的少量专

业核心课程。由于智力技能仅涉及内在的思维活动，因此对教学场地和教学工具没有特殊的要求，因而多媒体教室是该类课程混合教学设计时采用的主要线下教学环境。在教师的角色设计上，由于几乎不涉及专业的实操技能，因此一般没有企业专家作为兼职教师参与。

由于公共基础课和专业基础课以及部分以培养学生智力技能为主的专业核心课，一般面向低年级学生开设，因此这一阶段的学生在职业能力方面一般处于新手阶段。在教学内容即学习任务的设计上，以定向概况性的职业知识为主。综合发现该类课程混合教学设计一般会选择案例教学法、头脑风暴法和小组协作学习作为主要教学方法。案例教学法有助于学生对抽象概况性内容有具体的认知；头脑风暴法和小组协作学习相结合，进行思维训练，可以实现学生智力技能的培养。在教学评价上，该类课程混合教学主要借助在线数据对学生进行过程性和总结性评价。在线数据包括在线学习时长、测试、讨论、作业等情况。线下课堂参与等评价活动的展开也可以借助移动端的在线网络教学环境，如扫描签到、随堂在线测试等。

该类课程的混合教学方案如图 6-3 所示。课前教学环节主要在线上进行，学生按要求自主学习技能相关的陈述性知识，并完成相应学习活动，可能是问题讨论、测试、作业、预习报告中的一种或多种，用于检验预习效果，从而有助于教师调整课中重点讲解的内容安排。然后进行智力技能的体验式练习。师生还可以通过在线学习环境进行远程沟通答疑。课中环节，教师首先需要对学生线上预习情况进行教学反馈，在此基础上进行重难点的讲解，为帮助学生更好地理解抽象知识，通常可以采用案例教学法。在重点讲解之后，组织学生采用头脑风暴的方式进行分组讨论练习，在这个过程中可以提供程序性知识的支持，如教师的演示。然后进行课中学习效果的检验，可以采用小组在线上传并展示头脑风暴结果，也可以通过在线测试、在线作业等形式。最后教师需要对学生课中环节的表现进行评价和总结反馈。课后环节，学生又回到在线自主学习环境，进行学习反思和智力技能的巩固练习，学习进度较快的学生可以进行拓展学习。

### 2. 智力技能—实体实验实训室—无企业专家参与

选择实体实验实训室作为课中环节线下教学环境进行智力技能培养的课程，均为专业基础课，课程所属专业大类为能源动力与材料大类、生物与化工大类等实践性较强且在后续实践教学中需要涉及仪器设备的专业。与选择多媒体教室作为线下教学环境相比，实体实验实训室具有大量的实体仪器设备，可以在学生学习仪器设备概念及其操作原理等相对抽象的内容前，提供直接近距离观察实体仪器设备及其工作流程的条件，有助于智力技能的形成。因而，在实体实验实训室开展培养智力技能为核心的课程教学时，除了案例教学法、头脑风暴法和小组协作学习外，最常用的教学方法为"观察法"。该类课程的通用混合教学方案如图 6-4 所示。

该类型课程混合教学方案与"智力技能—多媒体教室—无企业专家参与"类混合教学方案在课前与课后环节教学活动程序基本一致，主要区别在于课中环节，在教师重点讲解前，"智力技能—实体实验实训室—无企业专家参与"类课程混合教学设计还将采用观察法进行陈述性知识和程序性知识的理解学习。在教师的角色设计、教学内容的开发、教学评价方式上，两者也基本一致。

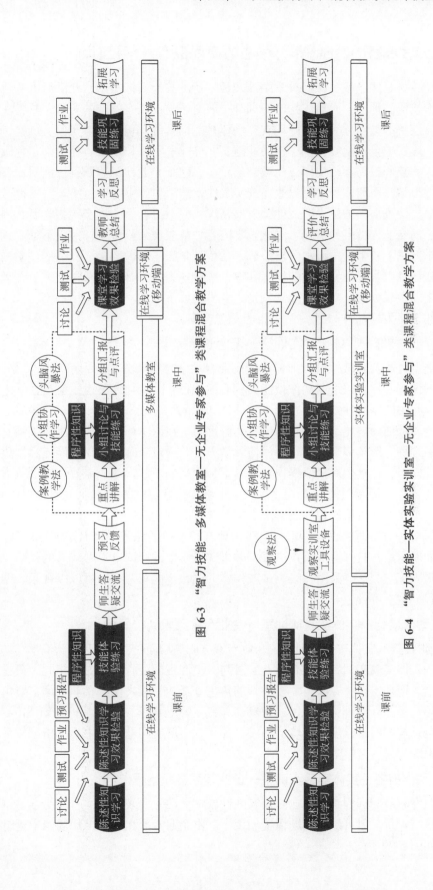

图 6-3 "智力技能—多媒体教室—无企业专家参与"类课程混合教学方案

图 6-4 "智力技能—实体实验实训室—无企业专家参与"类课程混合教学方案

## （二）以动作技能培养为核心的课程混合教学设计

动作技能是职业教育课程教学中涉及最广泛的技能目标类型，几乎所有专业核心课均涉及动作技能的训练。而动作技能的训练一般对场地设备有一定的要求，具备实验实训场地和仪器设备的教学环境能更好地支撑动作技能的训练，包括实体实验实训室、虚拟实验实训室、虚实融合实验实训室、多功能理实一体化室和工作场所。在教师角色设计上，企业专家作为兼职教师参与动作技能教学的较多，包括企业专家兼职到校面对面参与职业院校实践性教学活动和远程参与职业院校实践性教学活动。

这一类课程面向的学生职业能力发展情况，一般有新手、进步的初学者、内行的行动者、熟练的专业人员多种情况。因此教学内容一般表现为具体工作情境下的工作任务或项目。教学方法上较多采用演示—模仿法、情境教学法、问题教学法、案例教学法等，通过完成工作任务以实现动作技能的训练和综合职业能力的提升。在教学反馈上，理论知识考核主要借助在线数据，实践技能考核则主要借助线下课堂。根据应用案例，以下总结了以培养动作技能为核心的11类课程的混合教学方案。

### 1. 动作技能—实体实验实训室—无企业专家参与

该类型课程混合教学设计形成的通用混合教学方案如图6-5所示。同以培养智力技能为核心的课程一样，以培养动作技能为核心的课程，其课前环节也主要是让学生在线自主学习技能相关的陈述性知识，并进行陈述性知识的学习成果检验。由于缺少专业的场地或仪器设备，课前的技能练习一般为仿真体验练习。在课中环节，实体实验实训室环境下的动作技能训练一般较多采用演示—模仿教学方法，通过教师的动作技能演示提供技能相关的程序性知识，让学生对技能操作过程有更加直观的了解。部分需要仪器设备支持的动作技能训练，在资源有限情况下，通常采用小组协作学习的方法，通过创设职业问题情境，让学生以小组形式讨论制定问题解决方案并进行问题的解决，实现技能训练。在学生自主探索问题解决方案时，也可以根据自身需要在移动端的课程平台获取相应的程序性知识。学生技能展示后，教师进行重点讲解，并再次对学生进行课堂学习成果的检验。课后环节的技能巩固练习，一般采用在线测试或作业形式，技能练习成果可以以视频、图片形式上传到课程平台。

### 2. 动作技能—实体实验实训室—企业专家兼职到校面授

"动作技能—实体实验实训室—企业专家兼职到校面授"类课程的混合教学方案与"动作技能—实体实验实训室—无企业专家参与"类课程的混合教学方案相同，只是在教师角色设计上，增加了企业专家与学校教师的角色分工。一般来说，企业专家主要负责动作技能的指导与考核，而理论知识的讲解和考核则更多地由学校教师承担。如图6-6所示，企业专家负责技能演示、问题情境的创设，并在学生解决问题过程中给予指导，最后进行学生技能训练成果的考核。

### 3. 动作技能—实体实验实训室—企业专家兼职远程参与

企业专家兼职远程参与职业院校实践性教学活动主要表现为远程参与学生技能展示成果的考核与评价，也可以在问题情境创设中，由企业专家在真实工作场景中进行实际问题引入，如图6-7所示。

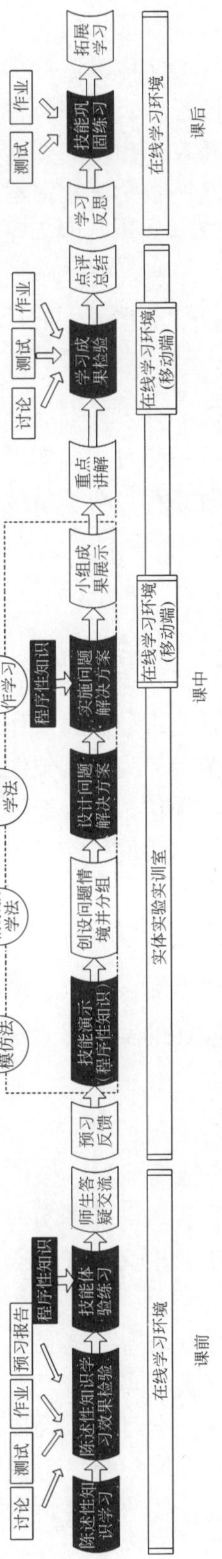

# 第六章 职业教育课程混合教学设计模型的应用

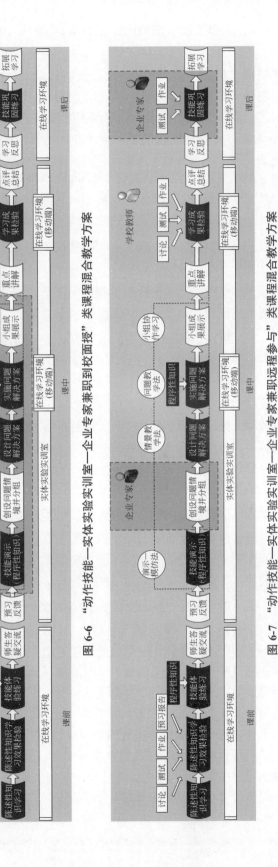

图 6-5 "动作技能—实体实验实训室—无企业专家参与"类课程混合教学方案

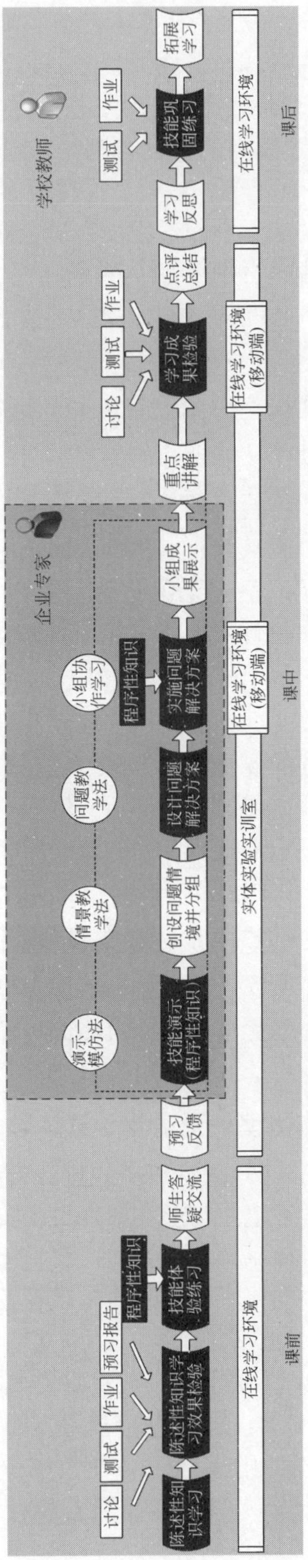

图 6-6 "动作技能—实体实验实训室—企业专家兼职到校面授"类课程混合教学方案

图 6-7 "动作技能—实体实验实训室—企业专家兼职远程参与"类课程混合教学方案

### 4. 动作技能—虚拟仿真实验实训室—无企业专家参与

"动作技能—虚拟仿真实验实训室—无企业专家参与"类课程，其技能训练主要为计算机操作相关的动作技能，以及没有技能实操的设施与条件，仅借助计算机进行仿真练习的动作技能的教学。主要涉及的专业大类为电子信息大类、文化艺术大类和财经商贸大类，属于文化艺术大类和财经商贸大类的课程也都是与电子信息大类相关的课程，如 Photoshop 产品效果图设计、会计电算化等。该类型课程较多采用案例教学法和演示—模仿法，课中环节教师呈现案例作品并演示制作过程，为学生提供程序性知识。课程以完成的案例作品为主要考核内容。案例制作过程中可以借助在线资源反复观看制作演示过程。课后环节的技能巩固练习，强调提供不同的案例，以提升技能在不同职业情境下的迁移能力，如图 6-8 所示。

### 5. 动作技能—虚拟仿真实验实训室—企业专家兼职远程参与

与实体实验实训室环境下进行动作技能训练的课程不同，在将虚拟仿真实验实训室作为线下课堂教学环境的课程案例中，企业专家参与的形式主要为远程参与，对学生技能练习成果进行评价与考核。通用混合教学方案如图 6-9 所示。

### 6. 动作技能—虚实融合实验实训室—无企业专家参与

"虚实融合实验实训室"与实体实验实训室相比，其主要特点是在支持技能实操前，支持技能的仿真练习，而相对虚拟仿真实验实训室而言，又提供了更加贴近企业真实工作环境的实体空间。采用虚实融合实验实训室的课程一般涉及对安全性要求较高或操作难度系数较大的动作技能教学。该类课程的混合教学方案中，在课中环节一般先进行技能的仿真练习，通过仿真练习后再进行教师技能的实操演示，然后学生通过模仿，以小组形式完成技能练习操作并完成练习成果的展示汇报。课前的技能体验练习和课后的技能巩固练习都是通过仿真软件进行的仿真练习。具体的混合教学方案如图 6-10 所示。

### 7. 动作技能—虚实融合实验实训室—企业专家兼职到校面授

与实体实验实训室环境下以动作技能教学为核心的课程混合教学方案一样，虚实融合实验实训室中，企业专家参与的主要形式为到校面对面地指导学生技能的实操部分，包括技能演示、指导与考核。通用的混合教学方案如图 6-11 所示。

### 8. 动作技能—多功能理实一体化室—无企业专家参与

多功能理实一体化教室是理论讲课的教室、实践操作的实验实训场地和虚拟仿真系统等教学资源一体化配置形成的教学环境，与虚实融合实验实训相比，多功能理实一体化室还提供了交互式电子白板、实时录播系统、在线虚拟教室等功能。其中交互式电子白板更好地支持理论讲解，实时录播系统支持学生在线实时观看教师操作演示，解决了无法满足所有学生近距离观察教师操作演示的不足，同时，也支持学生通过录播系统展示自己的操作过程，并供课后进行教学反思。在线虚拟教室真实模拟线下实验实训室，支持学生随时随地通过网络登录观察实验实训设备并进行学习，如课前自主学习、课后技能巩固练习、拓展学习等。"动作技能—多功能理实一体化教室—无企业专家参与"类课程混合教学设计中理论知识考核和实践技能考核的比重通常相近，其混合教学方案如图 6-12 所示。

第六章 职业教育课程混合教学设计模型的应用

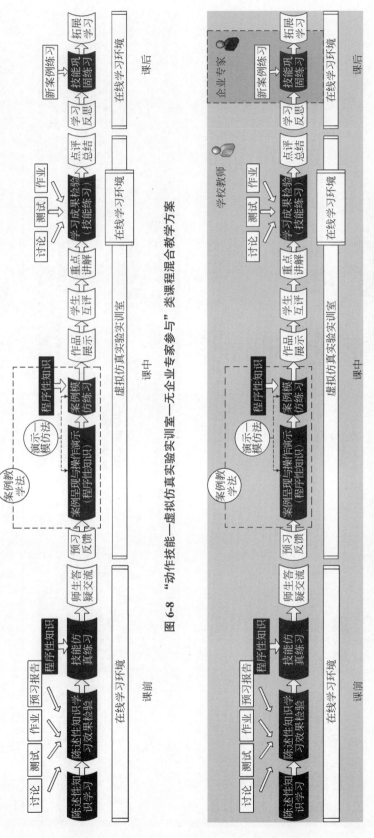

图 6-8 "动作技能—虚拟仿真实验实训室—无企业专家参与"类课程混合教学方案

图 6-9 "动作技能—虚拟仿真实验实训室—企业专家兼职远程参与"类课程混合教学方案

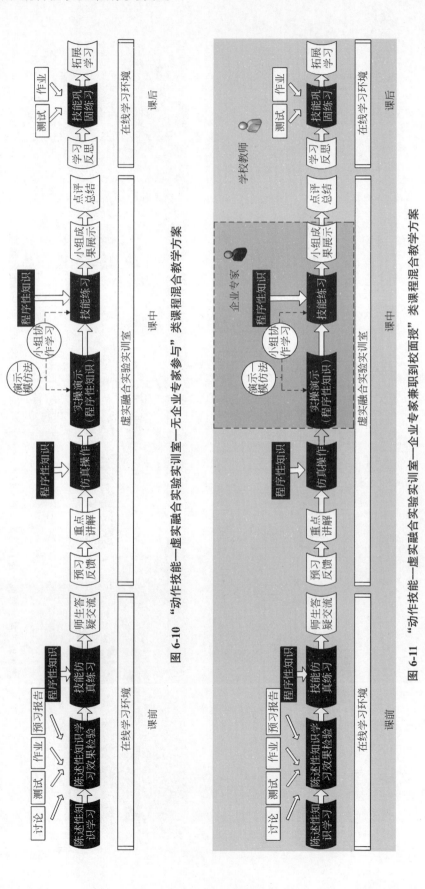

图 6-10 "动作技能—虚实融合实验实训室—无企业专家参与"类课程混合教学方案

图 6-11 "动作技能—虚实融合实验实训室—企业专家兼职到校面授"类课程混合教学方案

# 第六章 职业教育课程混合教学设计模型的应用

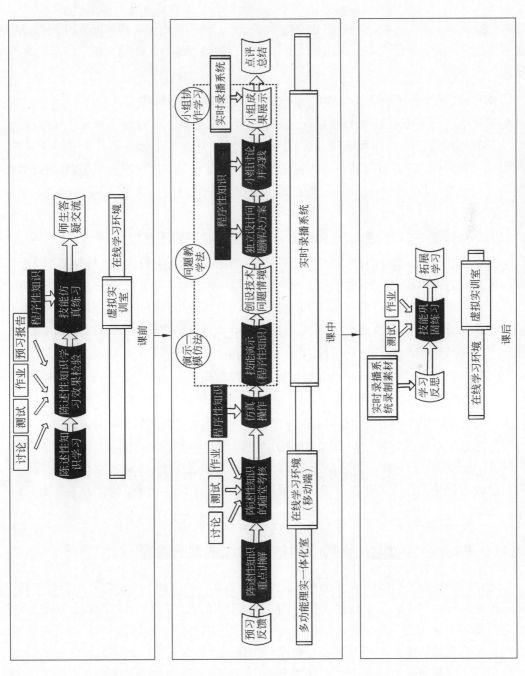

图 6-12 "动作技能—多功能理实一体化室—无企业专家参与"类课程混合教学方案

与其他各类课程的混合教学设计思路一样，课前环节主要进行陈述性知识的自主学习和技能的仿真练习。但是使用多功能理实一体化室作为线下课堂教学环境的课程，更加重视在学生掌握技能的同时掌握技能背后的原理，因此在课中环节技能实操前，会在学生课前学习情况基础上，对技能相关的陈述性知识，即概念、原理再次进行重点讲解和考核。然后进行技能的仿真与实操。课后仍是进行学习反思、技能巩固练习与拓展学习。多功能理实一体化室的各类智能设备，为课前、课中、课后的各项学习活动均提供了一定的支持与辅助。

### 9. 动作技能—多功能理实一体化室—企业专家兼职到校面授

与其他采用"学校双师型教师为主，企业专家兼职教师，面对面参与学校实践性教学活动"教师角色设计的课程一样，"动作技能—多功能理实一体化室—企业专家兼职到校面授"类课程与"动作技能—多功能理实一体化室—无企业专家参与"类课程的混合教学方案基本一致，只是课中部分的技能实操教学更多地由企业专家承担，如图6-13所示。

### 10. 动作技能—多功能理实一体化室—企业专家兼职远程参与

与其他采用"学校双师型教师为主，企业专家兼职教师远程参与校内实践性教学活动"教师角色设计的课程相同，"动作技能—多功能理实一体化室—企业人员远程参与"类课程混合教学设计中，企业专家主要承担学生技能学习成果评价，但是多功能理实一体化室所具备的实时录播系统，允许企业专家课中同步或异步进行动作技能的评价与指导，因此企业专家参与课中和课后两个阶段的教学。通用的混合教学方案如图6-14所示。

### 11. 动作技能—工作场所—企业专家兼职远程参与

"动作技能—工作场所—企业专家兼职远程参与"类课程混合教学方案中，"工作场所"一般为校内工作坊。该类课程一般是面向已经具有一定基础的高年级学生开设的课程，主要为文化艺术专业大类。在该类课程的教学方案中，学生跟随教师共同参与并完成真实的工作任务，如服装生产订单、包装设计订单等，工作任务的完成质量由工作任务的供应企业进行验收与评价。该类课程教学设计时采用的是项目教学法，混合教学方案如图6-15所示。

## （三）以感觉与知觉技能培养为核心的课程混合教学设计

感觉与知觉技能是指依赖于感觉与知觉器官的技能，如依赖于味觉器官的美食鉴赏、依赖于触觉器官的中医诊脉、依赖于听觉器官的英语听力课程等。可以发现，这类技能的培养需要完全真实的工作场景，虚拟仿真软件无法实现这类技能的培养。通过应用案例发现，以感觉与知觉技能培养为核心的课程，其课堂教学环境一般为实体实验实训室和工作场所。在教师角色设计上，在实体实验实训室的感觉与知觉技能教学，一般无企业专家参与，但是在工作场所发生的感觉与知觉技能教学，企业专家则成为主要的教学人员。

# 第六章 职业教育课程混合教学设计模型的应用

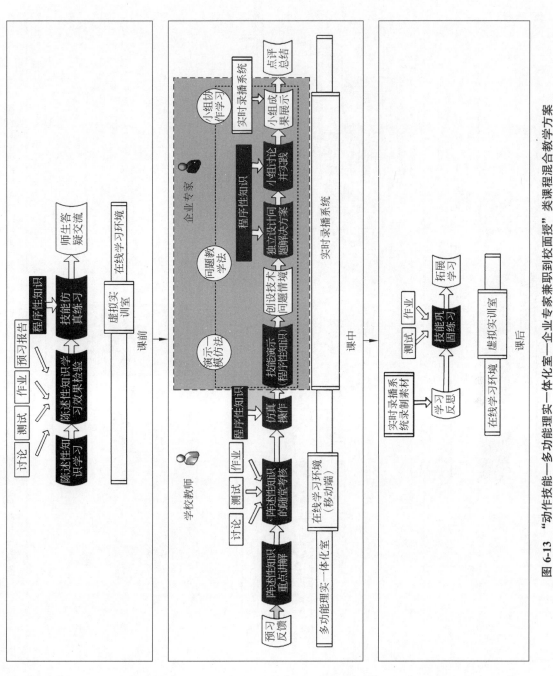

图 6-13 "动作技能—多功能理实一体化室—企业专家兼职到校面授"类课混合教学方案

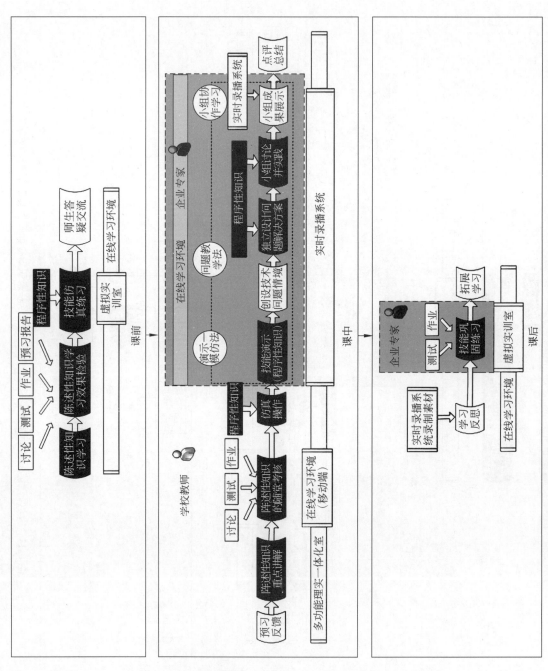

图 6-14 "动作技能—多功能理实一体化室—企业专家兼职远程参与"类课程混合教学方案

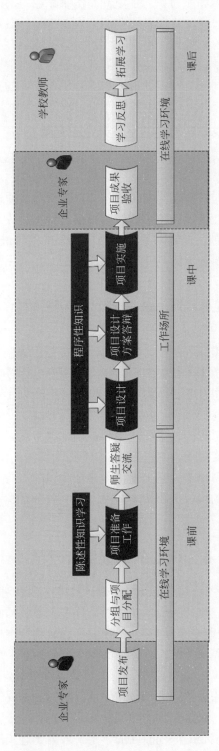

图 6-15 "动作技能—工作场所—企业专家兼职远程参与"类课程混合教学方案

这一类课程面向的学生已经具备该专业的基本知识和基本动作技能，如烹饪专业的学生已经掌握了烹饪的基本知识和能力，到了培养品鉴菜品能力的阶段，从而为后续成为专家型厨师做准备。因而该阶段的学生，其职业能力发展水平一般处于内行的行动者或熟练的专业人员。因此，教学内容一般也为不同职业情境下的综合性工作任务。教学方法上较多采用情境教学法、角色扮演法和小组协作学习等，通过真实情境下的技能练习或模拟情景下的角色办法，实现感觉与知觉技能的形成和综合职业能力的提升。在教学反馈上，更多地体现在对技能的考核上，并且以线下教学环境中学生的互评为主。

### 1. 感觉与知觉技能—实体实验实训室—无企业专家参与

对感觉与知觉技能，相关的陈述性知识内容不多，对学生的要求也相对不高，因此陈述性知识的学习仅在课前环节让学生自主学习完成，课中与课后环节均不再涉及。课前环节学生通过体验式的练习，对该技能有初步的认知。课堂环节通过创设职业情境，让学生分组进行角色扮演，通过职业情境和角色的不断转换进行重复练习与小组互评，最后教师对学生的表现进行整体的反馈，并针对技能训练中出现的问题进行集中讲解。课后环节，一般要求学生到实际工作场所去体验，从而实现技能的巩固。通用的混合教学方案如图6-16所示。

### 2. 感觉与知觉技能—工作场所—企业专家为主面授教学

将工作场所作为感觉与知觉技能教学的线下教学环境时，学生一般处于高年级，属于熟练的专业人员水平，这一类课程的混合教学目标主要是让学生在企业见习过程中提升职业能力。在见习前，需要对学生的相关知识、技能与态度进行考核，对学生掌握不足的知识、技能与态度进行在线自主补学。然后对学生进行分组和工作场所的分配。学生可以通过在线学习平台与教师就不足的知识、技能与态度进行答疑交流，也可以就分组与工作场所分配情况进行协调。见习过程中，主要采用学徒训练法与观察法，让学生在观察和跟随企业专业人员的实际工作中实现能力的进一步提升，加强真实工作情境下的能力迁移水平，而学校教师可以通过在线学习环节为学生提供程序性知识的支持。见习结束，学生需要提交见习反思报告，学有余力的可以进行拓展学习。这一混合教学模式下的考核以企业专家为主。混合教学方案如图6-17所示。

## （四）以表达技能培养为核心的课程混合教学设计

表达技能一般可分为文字表达技能与口头表达技能，两者对教学环境均无特殊要求，因而表达技能一般将多媒体教室作为线下实体教学环境。在教师的角色设计上，也出现了"只有学校双师型教师，无企业专家参与""学校双师型教师为主，企业专家兼职教师面对面参与学生实践性教育教学活动""学校双师型教师为主，企业专家远程参与学生实践性教育教学活动"三种情况。

无论是文字表达还是口头表达，都是日常生活与学习的重要组成部分，学生在这两方面都具备基本的能力与水平，只是在具体领域的文字表达和口头表达上需要进行专门的训练，因而以培养表达技能为核心的课程面向的学生一般处于进步的初学者或内行的行动者这两阶段，学习任务主要是与特定的职业相关联的知识，如商务英语口语。在教学方法的

第六章 职业教育课程混合教学设计模型的应用

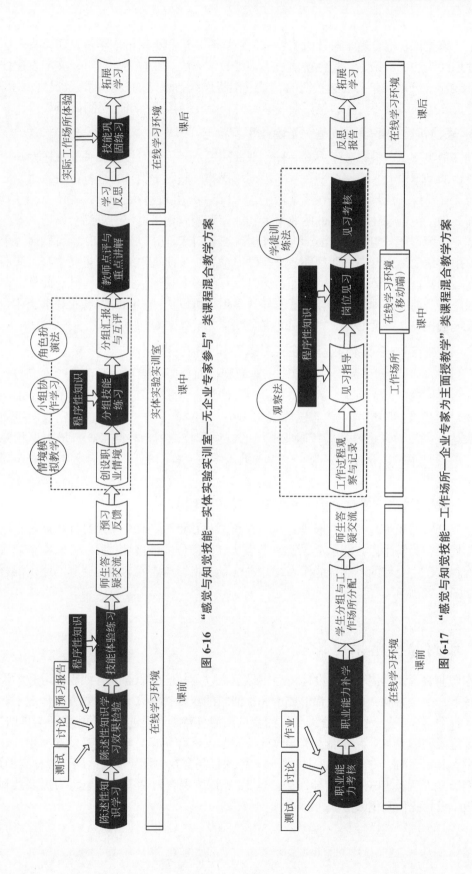

图 6-16 "感觉与知觉技能—实体实验实训室—无企业专家参与"类课程混合教学方案

图 6-17 "感觉与知觉技能—工作场所—企业专家为主面授教学"类课程混合教学方案

使用上,该类课程混合教学设计时主要采用情境教学法和小组协作学习,而口头表达技能还会使用演讲法、辩论法、角色扮演法等多种教学方法。在教学反馈上,文字表达技能主要以在线形式开展,口头表达技能的教学反馈将以线下课堂的技能训练及成果展示为主,同时考虑学生在线学习行为,包括在线学习时长、在线作业、讨论与测试等。

### 1. 表达技能—多媒体教室—无企业专家参与

同其他类型课程混合教学方案一样,课前阶段主要为学习技能相关的陈述性知识,如商务英语的基本概念、应用范围、基本用词用语等。然后学生自行进行口头表达或文字表达练习,并将练习成果上传至在线学习平台(口头表达以视音频的形式上传)。课中环节,教师需要为学生创设技能练习的职业情境,如商务谈判现场、年终总结会议记录等。学生根据职业情境进行分组角色扮演,进行技能练习,对于部分口头表达,也可以通过个人演讲、分组辩论的形式开展。课后环节进行学习反思、技能巩固练习和拓展学习。课前、课中和课后的技能练习可以是同一主题,通过反复练习实现表达技能的提升。此外,在课前与课后环节,除了教师提供了教学资源外,学生也可以前往实际工作场所观察或体验,有助于技能的提高与态度的养成。通用的混合教学方案如图6-18所示。

### 2. 表达技能—多媒体教室—企业专家兼职到校面授

"表达技能—多媒体教室—企业专家兼职到校面授"类课程的混合教学方案与"表达技能—多媒体教室—无企业专家参与"类课程的混合教学方案类似,只是前者更加注重企业专家对学生技能形成与职业态度养成的作用。企业专家作为兼职教师到校面对面参与学生表达技能教学,主要是进行职业情境的创设和技能的指导与考核。该类课程混合教学模式的考核也将以企业专家为主,同时纳入学生互评。通用的混合教学方案如图6-19所示。

### 3. 表达技能—多媒体教室—企业专家兼职远程参与

企业专家兼职远程参与的形式有两个方面,一方面,企业专家通过远程展现自己的真实工作场景,为学生做技能示范,激发学生从事该岗位的积极性;另一方面,企业人员可以远程观看学生上传的表达技能作品,并进行专业指导与点评。该类课程的通用混合教学方案如图6-20所示。

## 三、案例分析结果讨论

在职业教育课程混合教学设计模型指导下,以及相应的职业教育课程混合教学设计单的支持下,18类共472门课程都形成了完整清晰的混合教学方案,教学方案体现了职业教育"产教融合、校企合作、工学结合"的特点和混合教学"促进学生自主学习与即时反馈"优势。这说明职业教育课程混合教学设计模型不仅具有良好的教师主观感知易用性、感知有用性和应用意向,在客观层面上,职业教育课程混合教学设计模型适用于各种类型课程,对不同类型课程具有较好的指导作用。这18类课程混合教学方案,也将为更多教师开展混合教学设计提供案例参考。

第六章 职业教育课程混合教学设计模型的应用

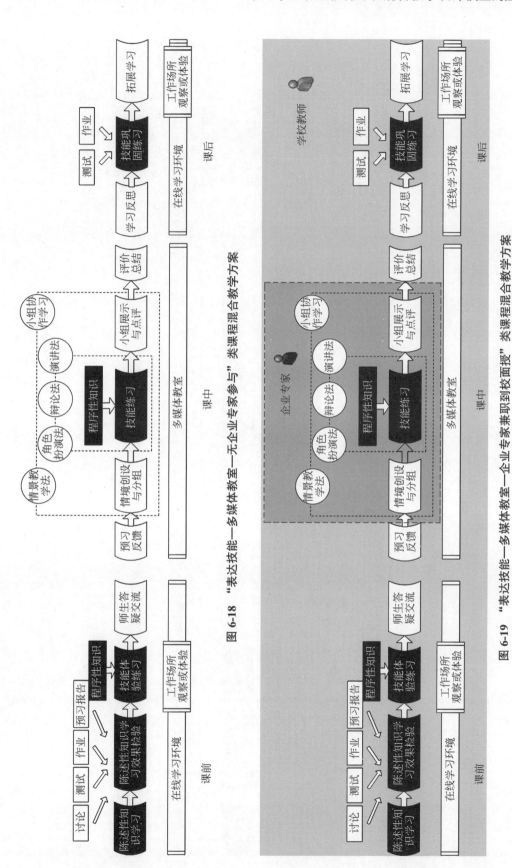

图 6-18 "表达技能—多媒体教室—无企业专家参与"类课程混合教学方案

图 6-19 "表达技能—多媒体教室—企业专家兼职到校面授"类课程混合教学方案

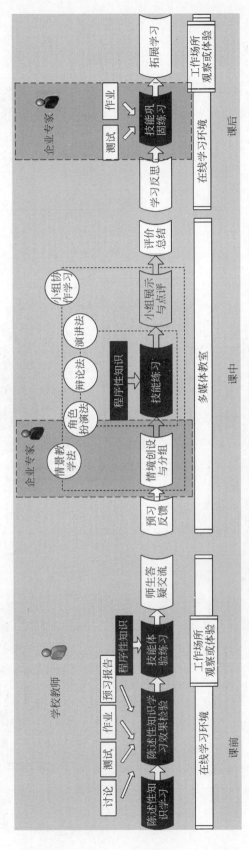

图 6-20 "表达技能—多媒体教室—企业专家兼职远程参与"类课程混合教学方案

# 第四节　职业教育课程混合教学设计模型的应用效果

为进一步呈现职业教育课程混合教学设计模型的应用效果，以"动作技能—虚实融合实验实训室—无企业专家参与""动作技能—多功能理实一体化室—企业专家兼职到校面授""表达技能—多媒体教室—无企业专家参与"三类课程混合教学方案各一门课程进行个案的准实验研究。三门课程分别为专业基础课、专业核心课和公共基础课，具有一定代表性。具体表现为，选择同一授课老师的两个班级，通过设置实施职业教育课程混合教学设计模型指导下的混合教学方案的实验班，以及实施原有教学模式的对照班，进行学生学习成绩的对比分析与学生学习满意度调研，验证该类课程混合教学方案的应用效果，从而证明职业教育课程混合教学设计模型对促进职业教育课程教学质量的有效性。

## 一、研究方法与实验设计

### （一）研究方法

准实验研究是社会科学研究的一种方法。相对于真正的实验研究而言，采用一定的操控程序，利用自然场景，灵活地控制实验对象。本章运用准实验研究法，将实施基于工作过程的混合教学模式的班级作为实验组，而将按照原有教学模式开展教学的班级作为对照组。通过对实验组和对照组学生认知行为和情感两个维度分别进行教学效应量的计算和分析，以此判断基于工作过程的职业教育课程混合教学的有效性。其中认知行为维度主要选取学生的学习成绩作为主要数量来源，情感维度主要选取学生混合教学满意度的问卷调查为主要数据来源。

**1. 效应量计算方法**

在效应量的选择上，根据实验设计类型和数据条件，采用差异类效应量来检验不同类型职业教育课程实施混合教学的实施效果差异。效应量是衡量实验效应强度或者变量关联强度的指标[1]。按效应量的统计意义可以分为差异类效应量（difference-type）、相关类效应量（correlation-type）和组重叠效应量（group-overlap）[2]，其中差异类效应量一般用于实验研究。在具体的计算方法上，本文使用 Cohen[3] 和 Glass[4] 提出的用两组或多组均值之差的标准化值替代原始均值差值作为差异类效应量。假设要比较的是实验组（1组）和对照组（2组）的差异，各组的样本容量分别为 $n_1$、$n_2$，样本均值分别为 $\overline{x_1}$、$\overline{x_2}$，样本标准差分别为 $s_1^2$、$s_2^2$，两组的差异类效应量 Cohen'd 的计算公式如下：

$$\text{Cohen'd} = (\overline{x_1} - \overline{x_2})/\sigma_{pooled} \tag{1}$$

---

[1] Snyder P, Lawson S. Evaluating results using corrected and uncorrected effect size estimates[J]. Journal of Experimental Education, 1993. 61: 334-349.
[2] 郑昊敏，温忠麟，吴艳. 心理学常用效应量的选用与分析[J]. 心理科学进展，2011, 19 (11): 1868-1878.
[3] Cohen J. Statistical power analysis for the behavioral sciences[M]. New York: Academic Press, 1969.
[4] Glass G. V. Primary, secondary, and meta-analysis of research[J]. Educational Researcher, 1976, 5(10), 3-8.

$$\sigma_{\text{pooled}} = \left[ \frac{(n_1-1)s_1^2 + (n_2-1)s_2^2}{n_1+n_2} \right]^{1/2} \quad (2)$$

上述计算得到的差异类效应量可用于解释实验组均值位于控制组的相对位置和两组分布的不重叠比例,其中 $d=0.2$、$d=0.5$、$d=0.8$ 是效应量小、中、大的分界点,分别对应"实验组均值在控制组"的 58%、69% 和 79%,"两组分布不重叠的比例"分别为 14.7%、33.0% 和 47.4%。

### 2. 问卷调查方法

实验班学生的混合教学满意度的调查问卷参考已有成熟量表,包括 10 个问题(如表 6-7 所示),同时问卷调查对照班学生的课程教学满意度,包含 4 个问题(即表 6-8 的 Q1、Q2、Q5、Q10),进一步比较分析混合教学对促进学生学习满意度的效应。问卷采用李克特五级量表,数值 1~5 分别表示非常不认同、比较不认同、一般、比较认同和非常认同,即得分越高,满意度越高。

表 6-8 学生混合教学满意度调查问卷

| 题号 | 问题 |
| --- | --- |
| Q1 | 整体来说,我对这门课程很满意 |
| Q2 | 我对这门课程的面授部分(教室、实训室、工作场所等线下教学)很满意 |
| Q3 | 我对这门课程【课前】在线学习部分很满意 |
| Q4 | 我对这门课程【课后】在线学习部分很满意 |
| Q5 | 我认为这门课程的教学模式很好地满足了我的学习需要(习得知识、技能与态度等) |
| Q6 | 相比仅有课堂面授的传统教学模式,线上线下相结合的混合教学模式提高了我的学习兴趣 |
| Q7 | 相比仅有课堂面授的传统教学模式,线上线下相结合的混合教学模式让我有机会跟老师和同学有更多的互动 |
| Q8 | 相比仅有课堂面授的传统教学模式,线上线下相结合的混合教学模式能够更好地支持我开展个性化的学习 |
| Q9 | 相比仅有课堂面授的传统教学模式,线上线下相结合的混合教学模式可以更好地帮助我提高学习效率 |
| Q10 | 我愿意选择混合教学模式,进行后续课程的学习 |

## (二)实验设计

选择 A 校计算机网络专业的专业基础课《网络基础与局域网构建》、船舶工程技术专业的专业核心课《船舶建造》和 H 校物业管理专业的公共基础课《高职英语Ⅰ》进行准实验研究。每门课程分别选择 1 个实验班和 1 个对照班,实验班根据基于工作过程的职业教育课程混合教学设计模型进行课程设计与实施，对照班采取课程原有面授教学模式。

### 1. 专业基础课《网络基础与局域网构建》的实验设计

《网络基础与局域网构建》作为 A 校计算机网络专业大一年级的专业基础课，主要涉及设计、实施中小型网络工程和数据中心机房等工作过程，具体包括基本 VLAN 设置、计算机和交换机基本设置、配置主次 VLAN 设置、配置端口聚合、网络维护命令五个典型工作任务。课程主要面向两个班开课，其中 1 班 24 人，2 班 25 人，由同一名教师授课。

（1）对照组：选取 1 班作为对照组，采用原有面授教学模式，即在实训室环境下开展课堂教学，教学活动主要为教师的知识点讲解、动作技能示范与学生的技能练习。实训室主要由计算机、交换机、路由器、服务器、大型机柜等网络实验设备组成，由于这些设备成本高、体积大，实训室仅有 2 个机柜、8 台交换机、1 台机架式服务器，以及路由器、防火墙、无线交换设备各 4 台。由于课堂时间有限，无法满足每一位学生的独立使用，学生需按 5~7 人一组开展学习。学生分组练习过程中，每位学生通常仅有一次技能练习机会。

（2）实验组：选取 2 班作为实验组，研究者指导授课老师基于工作过程的混合教学设计模型开展教学设计。由于该门课程的学生为刚进入专业学习的大一学生，虽然多数学生为网络的熟练使用者，在中小学阶段也学习过计算机基础课，但他们从未涉及过网络的设计与搭建，因此学生的职业能力仍处于新手阶段，需要给予学生具体明确的工作任务和更多直接开展动作技能练习的机会，以增强其相关职业能力。由于原有线下实训室无法满足学生个性化的学习和充分的技能练习，研究者指导授课教师引入了线下实体教学空间与线上虚拟教学空间相结合的混合教学环境，即在线下实训室基础上，引入 RG-LIMP 线上实验平台。该实验平台可分成多个实验岛，为学生提供纯网络接入方式，学生可不受地点限制地基于工作过程开展技能训练。实验组的混合教学活动如图 6-21 所示。

### 2. 船舶工程技术专业核心课《船舶建造》实验设计

《船舶建造》是 A 校面向船舶工程技术专业大二下和大三上学生开设的专业核心课，分为《船舶建造一》和《船舶建造二》两门课。根据研究进度与开课学期安排，选取船舶工程技术专业大二年级的两个班，其中 1 班 39 人，2 班 41 人，由同一名老师授课。根据工作过程分析，本课程形成了 11 个项目（学习单元）及 37 个典型工作任务。

（1）对照组：选取 1 班作为对照组，采用原有面授教学模式。该课程主要在船舶工程系实训车间开展教学。船舶工程系实训车间具有手工气割炬、数控等离子切割机等切割设备，以及刨边机和铣边机等焊接剖口加工设备，可以满足船体加工、装配、焊接、涂装等专业技能教学。原有面授教学模式以学校授课教师讲授、技能示范与学生的分组技能操作为主要教学活动。由于技能操作依赖专业设备，操作过程又具备一定危险性，因此学生仅在课堂教学过程中，在教师面授指导下才有技能练习的机会。

（2）实验组：选取 2 班作为实验组。原有教学模式下，由于技术操作本身的危险性与

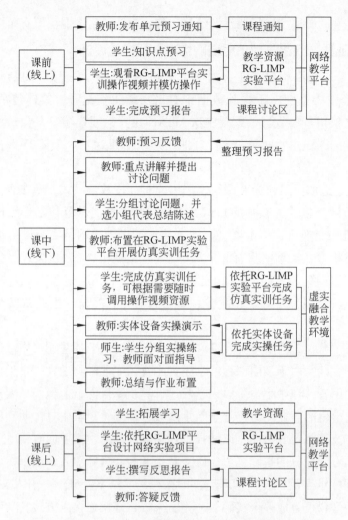

图 6-21 《网络基础与局域网构建》实验班混合教学活动

课堂的有限容量，学生的技能练习并不充分。此外，由于本课程面向的大二年级学生已经具备一定的船舶建造相关的专业知识与能力，该门课程的教学目标已经转变为学生综合职业能力的提升，包括理论知识、操作技能和职业态度。因此，授课教师在职业教育课程混合教学设计模型的指导下，将教学环境由传统的实体实训室转变为虚实融合的理实一体化教学环境，一方面可以支持学生通过实时录播软件更加细致地观察教师的演示过程，在技能实操练习外增加虚拟仿真练习；另一方面，多功能理实一体化可以更好地支持学生理论知识与基于工作过程的技能训练的交替学习和整体掌握。实验组的混合教学活动如图 6-22 所示。

### 3. 物业管理专业公共基础课《高职英语Ⅰ》实验设计

《高职英语Ⅰ》是所有高职学生的公共基础课，选取 H 校物业管理专业学生进行个案研究，该专业共两个班，1 班学生 35 人，2 班学生 32 人。虽然《高职英语Ⅰ》是公共基础课，但是在课程教学内容的开发上，也要结合未来岗位需要。物业管理专业的学生未来主要面向房地产行业从事物业管理员、物业经营管理技术人员、客户服务管理员和管理咨

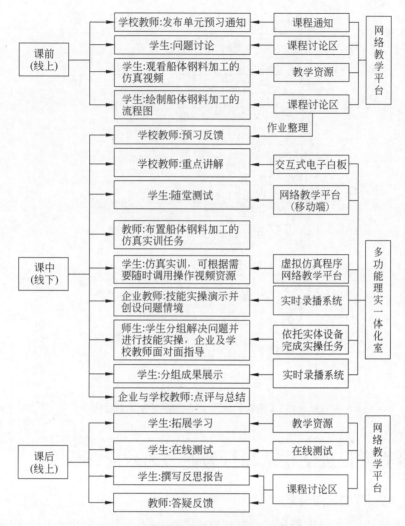

图 6-22 《船舶建造》实验组混合教学活动

询专业人员等岗位。英语在其未来岗位工作过程中，主要涉及的工作任务有三项：社区文化活动宣传（如邀请客户看电影）、接受客户询问（问路、指路）以及主动问候客户（如谈论健康饮食、健身习惯），因此本课程的英语教学也主要分为这三个学习单元。

（1）对照组：选取 1 班作为对照组。《高职英语Ⅰ》原有教学模式中，与物业管理专业结合并不紧密，并没有给学生所学专业相应的职业情境，而是根据固定教材按部就班教学。课程教学也往往局限于课堂教学环节，课堂教学主要采用教师讲解与学生分组练习的形式展开。

（2）实验组：基于工作过程的混合教学模式指导下，研究者引导授课教师，一方面结合基于工作过程的课程开发模式对《高职英语Ⅰ》的教学内容进行重新组织；另一方面，充分发挥线上线下相结合的混合教学的优势，将课堂教学环境更多地用于学生的口语表达技能练习，课前与课后环节通过在线学习增强学生英语基础知识的学习支持。以工作任务"接受客户询问（问路、指路）"为例，实验组的混合教学活动如图 6-23 所示。

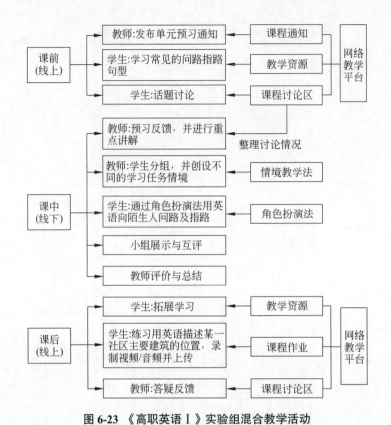

图 6-23 《高职英语Ⅰ》实验组混合教学活动

## 二、混合教学促进学生认知行为能力的效应分析

### 1. 专业基础课的效应分析

选取"基本 VLAN 设置"和"计算机和交换机基本设置"两个典型工作任务（学习单元）为例，进行基于工作过程的职业教育混合教学对提升职业教育专业基础课教学质量的有效性评价。在这两个单元学习前，对照班与实验班的学生均需完成学习相应单元所需预备知识的前测，在单元学习后，完成相应的后测，实验班与对照班的前测与后测形式相同，均以考试的形式展开，虽然题目不同，但考核内容和命题方式保持一致，均为相应单元学习内容，且后测题目难度高于前测，以减少干扰项。每次测试满分为 10 分。用 SPSS Statistics 20 软件对前测与后测成绩进行统计分析和独立样本 $t$ 检验，结果如表 6-9~表 6-11 所示。可以发现，无论是对照组，还是实验组，学生的后测成绩均显著优于前测成绩（$p$ 值都小于 0.01），说明两种教学模式均有一定的教学效果。

表 6-9 前后测成绩的描述性统计

| 学 习 单 元 | 组 别 | 前后测 | 均 值 | 标准差 |
|---|---|---|---|---|
| 基本 VLAN 设置 | 实验班 | 前测 | 5.1200 | 1.98578 |
| | | 后测 | 9.4400 | 1.08321 |
| | 对照班 | 前测 | 5.1667 | 1.85722 |
| | | 后测 | 8.5833 | 1.38051 |

续表

| 学习单元 | 组别 | 前后测 | 均值 | 标准差 |
|---|---|---|---|---|
| 计算机和交换机基本设置 | 实验班 | 前测 | 2.2400 | 1.96384 |
| | | 后测 | 9.1200 | 1.42361 |
| | 对照班 | 前测 | 2.3333 | 2.01444 |
| | | 后测 | 7.6250 | 2.29957 |

表 6-10 《基本 VLAN 设置》前后测成绩独立样本 $t$ 检验

| 组别 | $t$ | Sig.（2-tailed） | Mean Difference | Std. Error Mean | 95% Confidence Interval of the Difference | |
|---|---|---|---|---|---|---|
| | | | | | Lower | Upper |
| 实验班 | −2.703 | 0.009 | −2.40000 | 0.88777 | −4.18498 | −0.61502 |
| 对照班 | −23.000 | 0.000 | −0.96000 | 0.04174 | −1.04402 | −0.87598 |

表 6-11 《计算机和交换机基本设置》前后测成绩独立样本 $t$ 检验

| 组别 | $t$ | Sig.（2-tailed） | Mean | Std. Error Mean | 95% Confidence Interval of the Difference | |
|---|---|---|---|---|---|---|
| | | | | | Lower | Upper |
| 实验班 | −14.182 | 0.000 | −6.88000 | 0.48511 | −7.85538 | −5.90462 |
| 对照班 | −7.562 | 0.000 | −5.04870 | 0.66859 | −6.39500 | −3.70240 |

将前测与后测成绩根据实验班与对照班进行独立样本 $t$ 检验，结果如表 6-12 和表 6-13 所示。可以发现，无论是学习单元一还是学习单元二，实验班与对照班的前测成绩均无显著差异（$p$ 值均大于 0.05），而后测成绩无论是学习单元一还是学习单元二，实验班都显著优于对照班（$p$ 值均小于 0.05），其中学习单元二《计算机和交换机基本设置》差异极其显著（$p$ 值小于 0.01）。

表 6-12 《基本 VLAN 设置》实验班与对照班成绩独立样本 $t$ 检验

| 组别 | $t$ | Sig.（2-tailed） | Mean Difference | Std. Error Mean | 95% Confidence Interval of the Difference | |
|---|---|---|---|---|---|---|
| | | | | | Lower | Upper |
| 前测 | −0.085 | 0.933 | −0.04667 | 0.54981 | −1.15275 | 1.05941 |
| 后测 | 2.422 | 0.019 | 0.85667 | 0.35369 | 0.14514 | 1.56819 |

表 6-13 《计算机和交换机基本设置》实验班与对照班成绩独立样本 $t$ 检验

| 组别 | $t$ | Sig.（2-tailed） | Mean Difference | Std. Error Mean | 95% Confidence Interval of the Difference | |
|---|---|---|---|---|---|---|
| | | | | | Lower | Upper |
| 前测 | −0.164 | 0.870 | −0.09333 | 0.56834 | −1.23668 | 1.05001 |
| 后测 | 2.749 | 0.008 | 1.49500 | 0.54392 | 0.40077 | 2.58923 |

进一步比较基于工作过程的混合教学提升职业教育专业基础课教学质量的效应强度，如表 6-14 所示。两个学习单元的差异类效应量均超过 0.5，根据 Cohen 的标准，达到中等水平，其中第二单元《计算机和交换机基本设置》比第一单元效应量更高，接近 0.8，属于较大效应量。

表 6-14　专业基础课《网络基础与局域网构建》差异类效应量

| 评价维度 | Cohen'd |
|---|---|
| 单元一《基本 VLAN 设置》 | 0.692 |
| 单元二《计算机和交换机基本设置》 | 0.785 |

独立样本 $t$ 检验与差异类效应量的计算结果共同论证了，基于工作过程的混合教学可以有效促进职业教育专业基础课程教学质量的提升，同时第二单元比第一单元呈现更显著的效应量，可以初步认为，随着混合教学的不断推进，其教学效应逐步提升。

### 2. 专业核心课的效应分析

根据专业核心课《船舶建造》的学生职业能力培养目标，分别选取实验班与对照班的学生在理论考核、技能考核和职业态度三个方面的考核成绩（分别按满分 100 分计算），以及由这三部分组成的总成绩（其中理论考核与技能考核各占 40%，职业态度考核占 20%），分析混合教学对职业教育专业核心课教学质量的促进效应。实验班与对照班学生成绩的描述性统计分析与独立样本 $t$ 检验结果如表 6-15 和表 6-16 所示。

表 6-15　实验班与对照班学生成绩的描述性统计

| 成绩组成 | 组别 | Mean | Std. Deviation |
|---|---|---|---|
| 理论考核 | 实验班 | 62.8800 | 4.24578 |
| | 对照班 | 63.9583 | 11.43024 |
| 技能考核 | 实验班 | 89.6000 | 9.78945 |
| | 对照班 | 74.5833 | 8.71239 |
| 态度考核 | 实验班 | 86.7600 | 7.74747 |
| | 对照班 | 79.0000 | 6.05051 |
| 总成绩 | 实验班 | 78.3440 | 6.37927 |
| | 对照班 | 71.2167 | 7.63810 |

表 6-16　实验班与对照班成绩的独立样本 $t$ 检验结果

| 成绩组成 | $t$ | Sig. (2-tailed) | Mean Difference | Std. Error Mean | 95% Confidence Interval of the Difference | |
|---|---|---|---|---|---|---|
| | | | | | Lower | Upper |
| 理论考核 | −0.411 | 0.661 | −1.07833 | 2.44400 | −5.99503 | 3.83836 |
| 技能考核 | 5.664 | 0.000 | 15.01667 | 2.65141 | 9.68271 | 20.35062 |
| 态度考核 | 3.897 | 0.000 | 7.76000 | 1.99152 | 3.75358 | 11.76642 |
| 总成绩 | 3.507 | 0.001 | 7.12733 | 2.00714 | 3.08948 | 11.16519 |

可以发现，实验班学生的技能考核、态度考核成绩和总成绩，都显著优于采用对照班（$p$ 值均小于 0.01），而在理论考核方面，差异不显著，甚至对照班学生的理论考核平均分略高于实验班。

进一步计算分析各维度的差异类效应量，如表 6-17 所示，技能考核、职业态度考核成绩与总成绩的差异类效应量均远超过 0.8，属于极大的效应量，说明基于工作过程的混合教学提升职业教育专业核心课教学质量的效应极强，尤其是可以极大提升学生职业技能和职业态度。但在职业理论知识方面，混合教学甚至产生了一定的负效应。

表 6-17 专业核心课《船舶建造》差异类效应量

| 评价维度 | Cohen'd | 评价维度 | Cohen'd |
|---|---|---|---|
| 理论考核 | −0.126 | 态度考核 | 1.113 |
| 技能考核 | 1.618 | 总成绩 | 1.146 |

### 3. 公共基础课的效应分析

H 校物业管理专业的公共基础课《高职英语Ⅰ》共有单元测验两次，分别设在第一单元、第三单元学习后，期末考核则由全校统一的期末卷面考试和面向该专业的综合英语口语表达能力测试两部分组成。研究前对实验班和对照班学生进行前测，前测成绩、单元测验成绩及期末考核成绩满分均为 100 分，各类成绩的统计分析与独立样本 $t$ 检验结果如表 6-18 和表 6-19 所示。

表 6-18 测试成绩的描述性统计

| 学习单元 | 组别 | 均值 | 标准差 |
|---|---|---|---|
| 前测 | 实验班 | 86.2813 | 7.60829 |
|  | 对照班 | 82.9143 | 7.72457 |
| 第一单元测验 | 实验班 | 56.9355 | 16.36446 |
|  | 对照班 | 56.8182 | 17.26712 |
| 第三单元测验 | 实验班 | 65.8438 | 19.49873 |
|  | 对照班 | 54.7879 | 12.57417 |
| 期末笔试 | 实验班 | 69.5000 | 14.24498 |
|  | 对照班 | 58.2000 | 17.33120 |
| 综合口语表达技能测试 | 实验班 | 79.8125 | 11.95809 |
|  | 对照班 | 67.0571 | 18.11717 |

表 6-19 《高职英语Ⅰ》实验班与对照班成绩的独立样本 $t$ 检验

| 学习单元 | $t$ | Sig. (2-tailed) | Mean Difference | Std. Error Mean | 95% Confidence Interval of the Difference | |
|---|---|---|---|---|---|---|
|  |  |  |  |  | Lower | Upper |
| 前测 | 1.795 | 0.077 | 3.36696 | 1.87580 | −0.37926 | 7.11319 |
| 第一单元测验 | 0.028 | 0.978 | 0.11730 | 4.21116 | −8.30068 | 8.53528 |
| 第三单元测验 | 2.725 | 0.008 | 11.05587 | 4.05659 | 2.94871 | 19.16303 |
| 期末笔试 | 2.900 | 0.005 | 11.30000 | 3.89722 | 3.51672 | 19.08328 |
| 口语测试 | 3.367 | 0.001 | 12.75536 | 3.78820 | 5.18979 | 20.32092 |

结果表明，实验班与对照班学生的基础能力水平无显著差异（前测的 $p$ 值大于 0.05）。而通过学习后，除了第一单元的测验成绩差异不显著，第三单元测验、期末卷面考试和综合英语口语表达能力测试，实验班均优于对照班，且差异极其显著（$p$ 值均小于 0.01）。

进一步计算分析各类成绩的差异类效应量，如表 6-20 所示。第一单元成绩的效应量不足 0.2，混合教学效应不明显。第三单元和期末笔试成绩的效应量在 0.7 左右，超过 0.5，根据 Cohen 的标准，达到中等水平。期末口语测试的效应量更高，超过 0.8，根据 Cohen 的标准，属于大效应量。总体说明基于工作过程的混合教学可以有效提升职业教育公共基础课的教学质量，特别是可以显著提升职业技能的教学效果。

表 6-20  公共基础课《高职英语Ⅰ》差异类效应量

| 评价维度 | Cohen'd | 评价维度 | Cohen'd |
|---|---|---|---|
| 第一单元测验 | 0.007 | 期末考试 | 0.709 |
| 第三单元测验 | 0.680 | 口语测试 | 0.824 |

## 三、学生混合教学满意度的效应分析

研究者在课程学习结束后，面向所有实验班和对照班学生开展课程满意度的问卷调查，专业基础课《网络基础与局域网构建》和专业核心课《船舶建造》的问卷有效回收率均为100%，《高职英语Ⅰ》实验班共回收有效问卷20份，回收率为65%，对照班回收有效问卷28份，回收率80%。问卷调查的统计结果如表6-21和表6-22所示。

表 6-21  实验班学生的混合教学满意度调查结果

| 题号 | Min1 | Max1 | Ave1 | S1 | Min2 | Max2 | Ave2 | S2 | Min3 | Max3 | Ave3 | S3 |
|---|---|---|---|---|---|---|---|---|---|---|---|---|
| Q1 | 4 | 5 | 4.70 | 0.476 | 4 | 5 | 4.90 | 0.300 | 2 | 5 | 4.35 | 0.745 |
| Q2 | 3 | 5 | 4.64 | 0.569 | 3 | 5 | 4.88 | 0.400 | 4 | 5 | 4.50 | 0.513 |
| Q3 | 3 | 5 | 4.68 | 0.557 | 3 | 5 | 4.88 | 0.400 | 3 | 5 | 4.25 | 0.716 |
| Q4 | 4 | 5 | 4.68 | 0.476 | 4 | 5 | 4.85 | 0.358 | 2 | 5 | 4.15 | 0.813 |
| Q5 | 3 | 5 | 4.60 | 0.577 | 4 | 5 | 4.88 | 0.331 | 2 | 5 | 4.35 | 0.745 |
| Q6 | 4 | 5 | 4.72 | 0.458 | 4 | 5 | 4.88 | 0.331 | 3 | 5 | 4.30 | 0.571 |
| Q7 | 4 | 5 | 4.76 | 0.436 | 4 | 5 | 4.90 | 0.300 | 4 | 5 | 4.45 | 0.510 |
| Q8 | 4 | 5 | 4.84 | 0.374 | 4 | 5 | 4.93 | 0.264 | 3 | 5 | 4.45 | 0.605 |
| Q9 | 4 | 5 | 4.80 | 0.408 | 4 | 5 | 4.90 | 0.300 | 4 | 5 | 4.50 | 0.513 |
| Q10 | 4 | 5 | 4.68 | 0.476 | 4 | 5 | 4.90 | 0.300 | 4 | 5 | 4.50 | 0.513 |

表 6-22  对照班学生学习满意度与混合教学意向调查结果

| 题号 | Min1 | Max1 | Ave1 | S1 | Min2 | Max2 | Ave2 | S2 | Min3 | Max3 | Ave3 | S3 |
|---|---|---|---|---|---|---|---|---|---|---|---|---|
| Q1 | 1 | 5 | 4.42 | 1.071 | 1 | 5 | 3.63 | 1.178 | 1 | 5 | 4.29 | 1.182 |
| Q2 | 1 | 5 | 4.42 | 1.052 | 1 | 5 | 3.76 | 1.179 | 1 | 5 | 4.32 | 1.156 |
| Q5 | 1 | 5 | 4.42 | 1.052 | 1 | 5 | 3.62 | 1.152 | 1 | 5 | 4.32 | 1.156 |
| Q10 | 1 | 5 | 4.32 | 1.285 | 3 | 5 | 4.44 | 0.673 | 1 | 5 | 4.21 | 1.371 |

注：Min1、Max1、Ave1、S1 分别表示专业基础课《网络基础与局域网构建》各项满意度调查的最小值、最大值、平均值和标准差，Min2、Max2、Ave2、S2 分别表示专业核心课《船舶建造》各项满意度调查的最小值、最大值、平均值和标准差，Min3、Max3、Ave3、S3 分别表示公共基础课《高职英语Ⅰ》各项满意度调查的最小值、最大值、平均值和标准差。

可以发现，无论是专业基础课、专业核心课还是公共基础课，实验班学生的各项满意度均值都大于4，说明学生对基于工作过程的混合教学满意度非常高。其中，专业核心课的学生各项满意度在各类型课程中均处于最高水平，专业基础课次之，公共基础课相对最低。不同类型课程，课前、课中和课后三个教学环节的满意度高低不等，如专业基础课的课堂满意度均值相对课前、课后最低，而专业核心课和公共基础课的课堂满意度均值相对最高。相对纯面授教学，实验班学生对混合教学提升学习兴趣、增强教学互动、支持个性化学习和提高学习效率四个方面的满意度更高，其中对混合教学支持个性化学习和提升学习效率的满意度均值都处于相对更高水平，混合教学对提升学习兴趣的满意度均值相对最低。

虽然对照班学生对于课程的整体满意度、面授部分的满意度、教学模式满足学习需要的满意度也很高，但是各项满意度均值都低于实验班，且实验班学生的满意度最小值未出现"1"，即未出现极其不满意的情况，而对照班学生的各项满意度几乎都出现了最小值为"1"的情况。对照班学生愿意应用混合教学模式的均值也高于4，说明混合教学对于未接触过混合教学的学生也具有一定吸引力，虽然均值仍低于真正开展过混合教学的实验班。

进一步比较分析实验班与对照班相同选项满意度的差异类效应量，如表6-23所示。可以发现，专业核心课的实验班和对照班学生相关满意度指标的差异类效应量都远大于0.8，说明基于工作过程的混合教学对促进职业教育专业核心课的学生学习满意度，包括提升课程学习的总体满意度、课堂面授教学满意度、满足学习需要和混合教学意向，其效果都极其显著。专业基础课的各项差异类效应量均超过0.2，说明基于工作过程的混合教学对促进学生学习满意度具有明显效果。而公共基础课的各项差异类效应量均低于0.2，说明基于工作过程的混合教学对促进公共基础课学生学习满意度效果不明显。

表 6-23 教学满意度的差异类效应量

| 题号 | Cohen'd | | |
|---|---|---|---|
| | 专业基础课 | 专业核心课 | 公共基础课 |
| Q1 | 0.340 | 1.494 | 0.059 |
| Q2 | 0.262 | 1.285 | 0.190 |
| Q5 | 0.213 | 1.503 | 0.030 |
| Q10 | 0.375 | 0.891 | 0.263 |

## 四、应用效果总结

### 1. 职业教育课程混合教学设计模型可以有效提升职业教育课程教学质量

专业基础课、专业核心课和公共基础课的准实验研究结果均表明，无论是在提升学生学习成绩等职业认知行为能力方面，还是在提升学生教学满意度等情感认同方面，职业教育课程混合教学设计模型都被证明是有效的。研究同时显示，该模型对提升不同类型课程教学质量的效应存在一定差异，其中专业核心课在认知行为和情感认同方面的教学效应均为最高，专业基础课均次之，公共基础课相对最低。与公共基础课相比，专业基础课和专业核心课与职业岗位联系更为紧密，更具备职业教育类型属性；与专业基础课相比，专业核心课涉及更为高阶的职业能力教学目标，更加强调工学结合的职业教育教学特色，说明越是与职业岗位联系紧密的课程，基于工作过程的混合教学越能提升其教学质量。这进一步证明了职业教育课程混合教学设计模型对职业教育教学的有效适用性，可以成为数字化转型背景下职业教育高素质劳动者与技能型人才培养的重要支撑。

### 2. 职业技能类教学目标相对理论知识类教学目标表现出更强的教学效应

职业技能教学通常更依赖于专业场地、设备和工具，因此在线教学通常被认为不适用于技能教学，已有调查研究也表明，在线教学在职业技能教学实践中的应用比例远低于理论知识教学[1]，纯线下面授教学成为职业技能教学的主要模式。然而本节专业核心课和公共基础课的准实验研究都证明了，职业教育课程混合教学设计模型对提升职业技能的教学效果显著优于理论知识。混合教学将教学环境进一步拓展到了虚拟教学空间，可以为职业技能训练创设灵活多样的工作情境，学生技能训练的机会大大拓展。相较之下，混合教学更加强调学生对理论知识的在线自主学习，而职业院校学生学习基础较为薄弱，学习主动性和自主学习能力相对较差，不利于职业理论知识的习得。混合教学在职业教育数字化转型过程中大有可为，同时对虚拟实训室、虚拟工厂等数字化教学环境和数字化教学资源的开发与普及提出了更高要求。

### 3. 随着混合教学的持续推进，其教学效应呈上升趋势

专业基础课与公共基础课的准实验研究结果初步表明，随着混合教学推进，其教学效应也在逐步提升。无论是教师还是学生，应用新的教学模式开展教与学都需要一定的适应与调节过程。在推动职业教育课程混合教学设计模型应用过程中，需要加强对师生的技术支持与理念引导，这也有助于进一步提高师生对混合教学提升学习兴趣、增强教学互动、支持个性化学习和提高教学效率等方面的情感认同，将更有助于实现混合教学效益的最大化。

## 第五节 职业教育课程混合教学设计模型的优化

### 一、应用问题及模型优化启示

职业教育课程混合教学设计模型的个案准实验研究，从一定程度上证明了职业教育课程混合教学设计模型可以有效提升课程混合教学质量和学生的学习满意度，但是个案研究结果也显示了该模型仍存在一些不足。

《船舶建造》课程的个案准实验研究结果显示，采用职业教育课程混合教学设计模型指导下形成的混合教学方案开展教学的实验班与采用原有教学模式开展教学的对照班，其理论考核成绩差异不显著，甚至对照班的平均分略高于实验班。本书构建的职业教育课程混合教学设计模型引导教师在理论知识的教学中采用学生在线自主学习为主的混合教学方案，但是职业院校学生学习基础较为薄弱，学习主动性和自主学习能力相对较差，为进一步保障职业院校学生理论知识学习效果，同时继续保持混合教学"促进学生自主学习与即时反馈"的特点与优势，职业教育课程混合教学设计模型应该在引导教师采用理论知识在线自主学习为主的同时，进一步引导教师增加对学生在线自主学习过程的监督与预警。

《高职英语Ⅰ》课程第一单元的测验结果也出现了实验班与对照班差异不显著的情况，其原因可能是对于习惯于传统教学模式的学生而言，混合教学对他们的信息化学习能力有

---

[1] 王雯，韩锡斌.面向远程技能训练的在线教学模式研究[J].中国职业技术教育，2021(26)：41-51.

了新的要求，学生需要一定的适应与调节，因而，在职业教育课程混合教学设计模型优化过程中，也可以引导教师在教学设计时为学生提供信息化学习认知引导，以及混合教学环境与混合教学资源的操作引导。

综上所述，职业教育课程混合教学设计模型可以从以下两方面进行优化：①在评价阶段，增加学生学习过程监督与预警的设计；②引导教师在开发混合教学环境与混合教学资源时考虑相应操作指南与导学单的开发。

## 二、教师访谈及文本分析

提升职业教育课程混合教学设计模型的感知易用性和感知有用性是优化该模型的重要方向。为进一步了解提升该模型感知易用性和感知有用性的具体内容，研究者面向472位教师进一步开展访谈，通过"对于该职业教育课程混合教学设计模型，我的问题（可说明难以理解的部分）与建议"这一问题，探究教师对该模型感知困难的部分及提升模型有用性的建议，共收到有效反馈214条。研究采用清博词频统计网站对教师反馈的文本内容进行词频分析，统计了各类词性中出现频率最高的各15个词，同时关键词按模型存在的"问题"和对模型优化的"建议"两类进行编码，结果如表6-24所示。

表6-24 教师反馈建议的词频分析（各类词出现频率前15）

| 形容词 | 频次 | 编码 | 名词 | 频次 | 编码 | 动词 | 频次 | 编码 |
|---|---|---|---|---|---|---|---|---|
| 好 | 22 | 建议 | 学生/学习者 | 18 | 问题 | 学习 | 15 | 问题 |
| 复杂 | 9 | 问题 | 教学模式 | 17 | 建议 | 了解 | 13 | 问题 |
| 不清楚 | 9 | 问题 | 课程 | 14 | 建议 | 培训 | 12 | 建议 |
| 高 | 8 | 建议 | 专业 | 10 | 建议 | 设计 | 11 | 问题 |
| 难 | 8 | 问题 | 老师/教师 | 9 | 问题 | 理解 | 11 | 问题 |
| 不同 | 6 | 建议 | 模型 | 8 | 建议 | 操作 | 7 | 问题 |
| 强 | 5 | 建议 | 案例 | 5 | 建议 | 需要 | 7 | 建议 |
| 具体 | 5 | 建议 | 内容 | 4 | 建议 | 分析 | 7 | 问题 |
| 简单 | 4 | 建议 | 技能 | 4 | 问题 | 希望 | 6 | 建议 |
| 明确 | 3 | 问题 | 心智 | 4 | 问题 | 推广 | 5 | 建议 |
| 合适 | 3 | 建议 | 系统 | 4 | 建议 | 实施 | 5 | 问题 |
| 真正 | 3 | 建议 | 资源 | 4 | 问题 | 提高 | 5 | 建议 |
| 很好 | 3 | 建议 | 积极性 | 3 | 问题 | 开发 | 5 | 问题 |
| 实用 | 2 | 建议 | 理论 | 3 | 问题 | 参与 | 4 | 问题 |
| 深入 | 2 | 建议 | 复用性 | 3 | 问题 | 工作 | 4 | 问题 |

### （一）职业教育课程混合教学设计模型的问题

表6-25对编码为"问题"的词进行了汇总。根据涉及的动词可以发现，教师对模型存在的操作性问题涉及教学设计环节中的"分析""设计""开发"与"实施"，其中"设计"和"分析"部分的问题最多。具体来看，教师提出了"不懂学习任务设计""不理解

什么是限制性编码""分析部分的内容看不懂""不了解支持性信息分析""这么多方法怎么融合使用""不理解混合教学环境开发""如何进行学习资源开发""混合教学方式很好，但是工作量太大，实施起来有困难"等问题。

表 6-25 "问题"编码

| 编号 | 词汇 | 词性 | 频次 | 编号 | 词汇 | 词性 | 频次 |
| --- | --- | --- | --- | --- | --- | --- | --- |
| 1 | 学生/学习者 | 名词 | 18 | 12 | 实施 | 动词 | 5 |
| 2 | 学习 | 动词 | 15 | 13 | 开发 | 动词 | 5 |
| 3 | 了解 | 动词 | 13 | 14 | 参与 | 动词 | 4 |
| 4 | 设计 | 动词 | 11 | 15 | 工作 | 动词 | 4 |
| 5 | 理解 | 动词 | 11 | 16 | 技能 | 名词 | 4 |
| 6 | 复杂 | 形容词 | 9 | 17 | 心智 | 名词 | 4 |
| 7 | 不清楚 | 形容词 | 9 | 18 | 资源 | 名词 | 4 |
| 8 | 老师/教师 | 名词 | 9 | 19 | 明确 | 形容词 | 3 |
| 9 | 难 | 形容词 | 8 | 20 | 积极性 | 名词 | 3 |
| 10 | 操作 | 动词 | 7 | 21 | 理论 | 名词 | 3 |
| 11 | 分析 | 动词 | 7 | 22 | 复用性 | 名词 | 3 |

而根据形容词可以发现，教师认为本书提出的职业教育课程混合教学设计模型存在上述"不理解"的最主要原因是，该模型较为"复杂""不清楚"。具体来看，教师表达了"有点复杂看不太懂""结构不清楚""我对具体的操作过程还不太明确"等问题。

对名词的分析可以发现教师具体感到理解或操作困难的内容，主要涉及"学习者""教师""技能""心智模式"等内容。如教师提出了"学习者情况分析如何做到准确""如何实现校企教师共同设计""技能簇核心内涵是什么""复用性和非复用性技能是什么意思""如何做心智模式与认知策略分析"等问题。同时也有教师提到"如何提高学生学习积极性"等问题，本模型在态度目标的分析与设计上融合在合成教学策略中，体现不明显。

### （二）职业教育课程混合教学设计模型的优化建议

编码为"建议"的词汇总如表 6-26 所示。从频次较高的形容词可以发现，教师建议该模型需要更"具体""简单""实用"，分别与上述"不清楚""复杂"等问题回应，如老师建议"名词概念需要深度讲解下，不太好懂""模型只出现简称，可以做适当介绍最好有一套详细的介绍"等使模型更具体化的措施，以及"操作更简单更好""简化模型"等建议。

此外，教师还提到了"教学模式""课程""案例"等名词，具体来看，教师建议"希望模型能分类指导，提供可操作性强的案例""结合专业灵活运用""针对不同专业有不同的模型，能够合理切入不同学科""请针对专业课和公共课进行不同的教学模式研究""多探索不同的教学模式""建议将各专业优秀的混合案例以统一模板推广"。

而根据动词的分析，较多教师提出了加强"培训"的建议，具体如"要从理论和实践两个方面加大培训，教学主管部门要重视""对任课老师进行系统培训"等。

表 6-26 "建议"编码

| 编号 | 词汇 | 词性 | 频次 | 编号 | 词汇 | 词性 | 频次 |
| --- | --- | --- | --- | --- | --- | --- | --- |
| 1 | 好 | 形容词 | 22 | 13 | 提高 | 动词 | 5 |
| 2 | 教学模式 | 名词 | 17 | 14 | 具体 | 形容词 | 5 |
| 3 | 课程 | 名词 | 14 | 15 | 案例 | 名词 | 5 |
| 4 | 培训 | 动词 | 12 | 16 | 简单 | 形容词 | 4 |
| 5 | 专业 | 名词 | 10 | 17 | 内容 | 名词 | 4 |
| 6 | 高 | 形容词 | 8 | 18 | 系统 | 名词 | 4 |
| 7 | 模型 | 名词 | 8 | 19 | 合适 | 形容词 | 3 |
| 8 | 需要 | 动词 | 7 | 20 | 真正 | 形容词 | 3 |
| 9 | 不同 | 形容词 | 6 | 21 | 很好 | 形容词 | 3 |
| 10 | 希望 | 动词 | 6 | 22 | 实用 | 形容词 | 2 |
| 11 | 推广 | 动词 | 5 | 23 | 深入 | 形容词 | 2 |
| 12 | 强 | 形容词 | 5 | | | | |

## 三、模型优化

综合上述应用研究的启示与教师访谈文本分析结果，职业教育课程混合教学设计模型将从以下几方面进行优化。

（1）简化模型内容，一方面对模型涉及的"复用性技能""非复用性技能""心智模式""限制性编码"等专业的名词术语简单化，用一线教师比较接受和理解的方式呈现；另一方面将模型部分有一定重复性的内容进行整合，如"确定教学目标"与"复杂性技能目标分解"进行整合。

（2）优化模型结构，使模型呈现的教学设计流程更加清晰明确。通过混合课程开发阶段形成的学习单元，其本身就是学习任务，无须再进行"学习任务设计"等。同时，处于中间位置的"学习任务设计"这条线与模型两侧的"非复用性技能及其相关知识分析"和"复用性技能及其相关知识分析"两条线不在同一维度，容易造成教师认知上的混乱，因此将"学习任务设计"部分的内容与其他教学环节相整合。

（3）加强对分析环节的"学习者分析"、设计环节的"确定学校及企业教师角色"和"教学策略合成"、开发环节的"教学环境开发"和"教学资源开发"、评价环节的"学习预警"等环节设计，尤其是增加对"职业态度"目标的设计，使之更加具体。

（4）开发模型配套的教学设计案例库，包含面向不同课程类型的混合教学方案，加强对教师开展混合教学设计的指导。

根据上述优化思路，优化后的模型如图 6-24 所示。本章第三节对不同课程类型混合教学方案的梳理与总结将满足教师开发模型配套的教学设计案例库的需求。

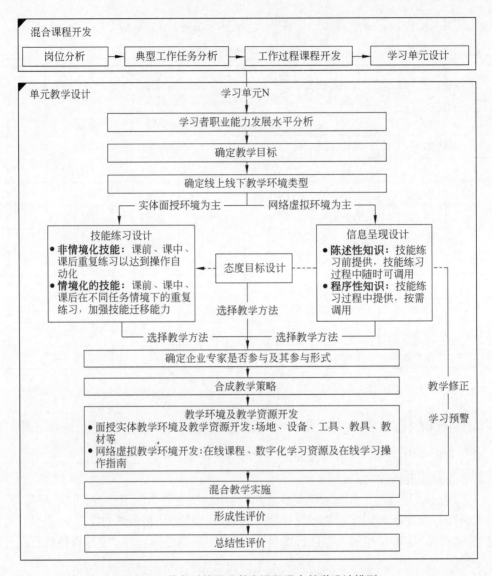

图 6-24 优化后的职业教育课程混合教学设计模型

根据优化后的模型对职业教育课程混合教学设计单进行相应完善，优化后的职业教育课程混合教学设计单结构如表 6-27 所示。

表 6-27 优化后的职业教育课程混合教学设计单结构

| 一级目录 | 二级目录 |
| --- | --- |
| 课程基本信息 | 课程名称 |
|  | 课程类型及所属专业大类 |
|  | 课程地位与作用 |
|  | 课程总体教学目标 |
| 课程学习单元划分 | 岗位分析（说明本课程面向的职业岗位） |
|  | 典型工作任务分析 |
|  | 学习情境设计（包括学习情境设计依据、学习情境之间的关系） |

续表

| 一级目录 | | | 二级目录 | | | | |
|---|---|---|---|---|---|---|---|
| 学习单元教学设计 | 学习者分析 | | 学生修读要求（说明对修读学生的职业能力要求及先修课程要求） | | | | |
| | | | 选课学生及人数 | | | | |
| | | | 选课学生的职业能力发展水平及其学习范围 | | | | |
| | 确定教学目标 | | 知识目标（陈述性知识、程序性知识） | | | | |
| | | | 技能目标（智力技能、动作技能、感觉与知觉技能、表达技能） | | | | |
| | | | 态度目标（认知状态、情感状态、行为倾向） | | | | |
| | 确定教学环境 | | 实体面授环境 | | | | |
| | | | 网络虚拟环境 | | | | |
| | 合成教学策略 | 课前 | 技能练习设计 | 信息呈现设计 | 态度目标设计 | 选择教学方法 | |
| | | 课中 | 技能练习设计 | 信息呈现设计 | 态度目标设计 | 选择教学方法 | |
| | | 课后 | 技能练习设计 | 信息呈现设计 | 态度目标设计 | 选择教学方法 | |
| | 教师角色设计 | | 确定企业专家是否参与及其参与形式 | | | | |
| | 教学环境及教学资源开发 | | 实体面授环境 | 场地、设备、工具、教具、教材 | | | |
| | | | 网络虚拟环境 | 在线课程、数字化教学资源、在线学习操作指南 | | | |
| 教学评价设计 | | | 形成性评价：评价内容、评价形式及占比 | | | | |
| | | | 总结性评价：评价内容、评价形式及占比 | | | | |
| | | | 教学修正及学习预警 | | | | |

## 四、优化后模型的教师认可度分析

进一步调研教师对优化后的模型的认可度，对 8 所职业院校的教师再次发放感知易用性、感知有用性及应用意向的调查问卷，共发放问卷 310 份，有效回收率 100%。调查结果如表 6-28 所示。

表 6-28　优化后模型的感知易用性、感知有用性及应用意向调查结果

| 变　　量 | 非常认同 | 比较认同 | 一般 | 比较不认同 | 非常不认同 | 均值 | 标准差 |
|---|---|---|---|---|---|---|---|
| 感知易用性 | 21.3% | 46.1% | 29.7% | 1.9% | 1.0% | 3.85 | 0.808 |
| 感知有用性 | 22.6% | 46.5% | 28.4% | 1.9% | 0.6% | 3.88 | 0.796 |
| 应用意向 | 22.9% | 42.9% | 30.3% | 2.9% | 1.0% | 3.84 | 0.844 |

可以发现，优化后模型的感知易用性、感知有用性及应用意向三个变量的均值均高于原模型（分别为 3.54、3.84、3.74），整体说明优化后的职业教育课程混合教学设计模型的教师认可度高于优化前模型的教师认可度。虽然优化前后模型认可度的调研面向的教师群体不完全相同，但是第二节的分析表明，教师的个体差异不会显著影响教师对模型的认可度。因此本节进一步对优化前后模型的感知易用性、感知有用性及应用意向进行独立样本 $t$ 检验，结果如表 6-29 所示。优化后模型的感知易用性提升最明显，显著优于优化前模型的感知易用性，优化后模型的感知有用性和应用意向也有提升，但是与优化前差异不显著。

表 6-29　优化前后模型的感知易用性、感知有用性及应用意向的独立样本 t 检验结果

| 变量 | t | Sig.<br>(2-tailed) | Mean Difference | Std. Error Mean | 95% Confidence Interval of the Difference | |
|---|---|---|---|---|---|---|
| | | | | | Lower | Upper |
| 感知易用性 | 5.412 | 0.000 | 0.308 | 0.057 | 0.196 | 0.420 |
| 感知有用性 | 0.837 | 0.403 | 0.047 | 0.056 | 0.157 | 0.063 |
| 应用意向 | 1.824 | 0.069 | 0.101 | 1% | 0.008 | 0.211 |

# 本 章 小 结

职业教育课程混合教学设计模型的应用结果显示，职业教育课程混合教学设计模型可以应用于不同类型职业教育课程，具有广泛适用性。教师对职业教育课程混合教学设计模型具有较高的感知易用性、感知有用性和应用意向。相较于原有教学模式，实施职业教育课程混合教学设计模型指导下形成的混合教学方案，更能有效促进该课程的教学质量，且应用混合教学方案开展学习的学生学习整体满意度高于应用原有教学模式开展学习的学生学习整体满意度，几乎所有学生均表现出了对应用混合教学开展学习的极高意向。其中专业核心课的认知行为和情感认同方面的教学效应均为最高，专业基础课次之，公共基础课相对最低；职业技能类教学目标相对理论知识类教学目标表现出更强的教学效应；随着混合教学的持续推进，其教学效应呈上升趋势。从"简化模型""优化模型结构""具体化部分环节"三个方面对职业教育课程混合教学设计模型进行优化后，模型的感知易用性、感知有用性和应用意向均有所提高，其中感知易用性得到了显著提升。以教学目标为核心，兼顾教学环境和教师角色两个方面，总结提炼了 18 类课程混合教学方案，可以供更多职业院校教师开展课程混合教学设计参考。

# 第七章 防疫期间职业教育课程混合教学应用讨论

本章将利用案例研究法和问卷调查法，将 18 类课程混合教学方案在新冠疫情防控期间的应用进行分析，说明职业教育课程混合教学设计模型在特殊教学场景下仍有具有较好适用性。

## 第一节 防疫期间职业教育课程混合教学应用分析

2020 年 3 月起，各类职业院校为应对新冠疫情下国家"停课不停教，停课不停学"的教学工作要求，积极探索创新各种教学模式，让学生在延期开学期间，居家开展学习活动。与学校教学相比，居家开展教学活动最大的转变在于教学环境，混合教学环境被迫从学校教学时以线下课堂教学环境为主，转变为在线教学环境为主、辅以线下家庭学习环境。本书在"面授教学与在线教学相结合"的概念基础上，更加强调在特定条件下为实现教学效益最大化，对教学系统各要素进行有效混合。如何应对新冠疫情等特殊情况导致的居家教学条件限制，进行教学各要素的有效混合，以尽可能降低对教学效益的冲击，课程教学设计至关重要。

### 一、以智力技能培养为核心的混合教学分析

由于智力技能的发生仅在大脑皮层，对教学场地和教学工具没有特殊的要求，因此，以培养智力技能为核心的两类课程混合教学方案，在学生居家在线学习环境下仍然可以直接参考应用，唯一的区别在于课中的教学环境不再是线下多媒体教室，而是转变为"在线直播平台"。

对于"智力技能—多媒体教室—无企业专家参与"类课程，课前环节和课后环节学生仍通过网络教学平台分别进行预习和复习巩固，但课中部分的教学活动将借助"直播平台"，教师通过直播平台进行重点讲解，引导学生进行分组讨论，并完成相应的学习检测，如测试、作业等。

"智力技能—实体实验实训室—无企业专家参与"类课程与"智力技能—多媒体教室—无企业专家参与"类课程相似，只是课中环节教师处于学校实训室环境而不是家庭环境，通过直播平台为居家学习的学生进行专业仪器设备的演示，让学生有近距离观察学习的机会，加深对抽象知识的直观认识。

这两类课程混合教学方案在防疫期间的变化如表 7-1 所示。可以发现，对于以培养智力技能为核心的课程，教学环境要素的变化，导致混合教学方案产生了部分调整，主要体

现在师生所处的教学环境的变化和授课互动工具的变化，但是师生教学活动仍保持原有的教学设计思路。这说明教学环境作为职业教育混合教学的七要素之一，需要在教学设计时重点关注，而本书构建职业教育课程混合教学设计模型中将确定教学环境开发作为重要的教学设计环节，具有高度合理性。同时混合教学方案在特殊教学场景下依然适用，更证明了指导该方案形成的职业教育课程混合教学设计模型可以应用于不同教学场景。

表 7-1　以智力技能培养为核心的课程混合教学方案变化分析

| 学校教学场景下的原课程类型 | 学生居家学习场景下的教学设计变化 |
| --- | --- |
| 智力技能—多媒体教室—无企业专家参与 | 课中环节由线下课堂面授与互动，转变为借助直播平台的讲授与互动 |
| 智力技能—实体实验实训室—无企业专家参与 | 课中环节由师生实训室观察与讲解互动，转变为教师实训室演示与讲解，学生居家观看直播互动 |

据此，防疫期间的变化产生了两种以在线教学为主的新的混合教学方案。

### 1. 基于同步直播的智力技能混合教学

教学内容主要表现为课件、案例、测试等多媒体资源，教学环境包括网络教学平台与网络直播平台，较多选择案例教学法、头脑风暴法和小组讨论法作为主要教学方法，其中案例教学法有助于学习者对抽象理论性内容有具体的认知，头脑风暴法和小组讨论法相结合则有助于学习者进行思维训练，从而实现智力技能的培养。在教学评价上，主要借助在线数据对学习者进行过程性和总结性评价，包括在线学习时长、测试、讨论、作业、直播互动情况等。基于同步直播的智力技能混合教学活动进程如图 7-1 所示。课前教学环节主要还是通过网络教学平台异步进行，学习者按要求自主学习原理性知识，并完成相应学习活动，可能是问题讨论、测试、作业、预习报告中的一种或多种，用于检验学习者自主学习效果，从而有助于教师调整课中重点讲解的内容安排。课中环节采用直播平台进行同步教学，教师首先需要对学习者线上预习情况进行反馈，在此基础上进行重难点的讲解，为帮助学习者更好地理解抽象知识，通常可以采用案例教学法。在重点讲解之后，组织学习者采用头脑风暴的方式进行分组讨论练习。然后各小组通过直播平台依次轮流发言，教师进行点评与反馈。课堂环节的学习效果可以通过网络教学平台的在线测试功能进行随堂检验，教师针对随堂测试结果进一步答疑。最后教师需要进行课堂总结，并布置课后作业。课后环节，学习者又回到网络教学平台的异步学习环境，进行智力技能的巩固练习和学习反思，学习进度较快的学习者可以进行拓展学习。同步直播教学模式下师生可以实时互动，更有助于保证学习者的学习参与度，及时解决学习者的学习问题。

### 2. 基于异步录播的智力技能混合教学

同步直播模式对教师及学习者的网络条件与信息技术能力要求较高，因此，部分面向智力技能训练的课程也会采用基于异步录播的混合教学模式。基于异步录播的智力技能混合教学与基于同步直播的混合教学在教学目标、教学内容与教学评价上基本一致，但基于异步录播的教学环境仅为网络教学平台，教学方法在选择案例教学法的同时主要采用自主学习法，学习者通过网络教学平台在线自主学习教师授课的录播视频，并完成相应的测试与作业，教师通过网络教学平台或即时通讯软件进行答疑与辅导，如图 7-2 所示。

## 第七章 防疫期间职业教育课程混合教学应用讨论

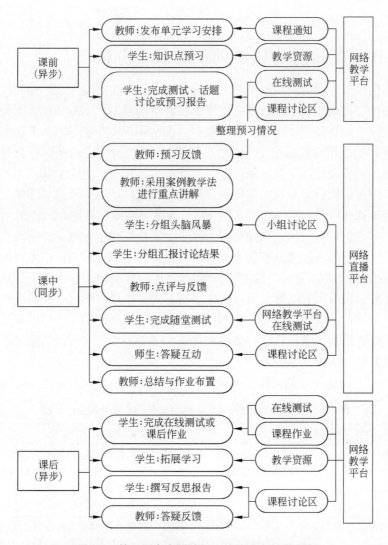

图 7-1 基于同步直播的智力技能混合教学方案

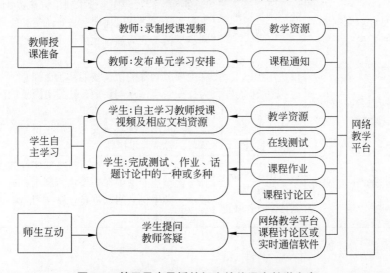

图 7-2 基于异步录播的智力技能混合教学方案

## 二、以动作技能培养为核心的混合教学分析

动作技能的训练一般对场地或设备有一定的要求,具备实验实训场地和仪器设备的教学环境能更好地支撑动作技能的训练。传统学校教学场景下,支持动作技能训练的课堂教学环境包括实体实验实训室、虚拟实验实训室、虚实融合实验实训室、多功能理实一体化室和工作场所,据此第六章总结了 11 类以培养动作技能为核心的课程混合教学方案。而学生居家学习,通常缺乏技能训练所具备的专业场地与设备,也无法前往工作场所进行岗位实习实训,因而虚拟仿真实验实训环境成为动作技能训练的主要教学环境。同时,也存在部分动作技能训练所需的实体实验实训条件,家庭环境即可满足,如烹饪、推拿、舞蹈、剪纸、摄影等技能仍可进行居家实操练习。除了上述情况,也有极少部分动作技能既具备虚拟仿真实验实训的条件,也具备居家实操练习的条件,如计算机网络专业的局域网构建课程,既具备 LIMP 实验平台进行在线仿真实验,同时具备家用路由器进行局域网构建的实操条件。此外,部分课程的教师前往工作场所,为学生居家学习时提供工作场所实景展示,如苏州市华夏口腔医院为口腔医学和口腔技术专业量身定制了疫情期间的教学实施方案,采用在实际工作场所进行直播、录播和在线交流等多种形式开展临床实景教学,通过空中课堂实现教学与临床"零距离"。

11 类以动作技能为核心的课程混合教学设计在防疫期间的变化如表 7-2 所示。

表 7-2　以动作技能培养为核心的课程混合教学方案变化分析

| 学校教学场景下的原课程类型 | | 学生居家学习场景下的变化 |
| --- | --- | --- |
| 动作技能—虚拟仿真实验实训室—无企业专家参与 | 仅适用于具有在线实训条件或虚拟仿真条件的动作技能 | 课中环节的教师技能演示由课堂演示与讲解转变为操作录屏演示与讲解;课中学生随堂技能练习与教师同步面授指导,转变为学生在课后进行技能练习并上传技能作品,教师(含企业专家)异步进行指导 |
| 动作技能—虚拟仿真实验实训室—企业专家兼职远程参与 | | |
| 动作技能—实体实验实训室—无企业专家参与 | 仅适用于在家能够找到技能训练环境的动作技能 | 课中环节的教师技能演示由线下面对面演示转变为借助直播或录播形式演示;学生技能练习由借助专业设备的随堂练习,转变为学生利用居家易得的工具、设备、人员,于直播或录播课后进行练习,练习过程由教师同步反馈转变为通过视频记录发送给教师(含企业专家)进行异步指导 |
| 动作技能—实体实验实训室—企业专家兼职远程参与 | | |
| 动作技能—虚实融合实验实训室—无企业专家参与 | 仅适用于既具备虚拟仿真条件,以及在家能够找到技能训练环境的动作技能 | 课中环节教师的仿真技能演示由课堂演示与讲解转变为操作录屏演示与讲解;教师实操技能演示由线下面对面演示转变为借助直播或录播形式演示;学生的技能练习由随堂练习转变为课后根据家庭设备条件自主练习,教师异步指导 |
| 动作技能—工作场所—企业专家兼职远程参与 | 仅适用于具备工作场所实景展示条件的动作技能 | 课中学生在校内工作坊进行技能实操实践,转变为教师(含企业专家)在工作场所利用直播平台进行实景展示,学生仍然居家进行观摩学习,不进行工作场所体验和具体实操 |

# 第七章 防疫期间职业教育课程混合教学应用讨论

续表

| 学校教学场景下的原课程类型 | 学生居家学习场景下的变化 | |
|---|---|---|
| 动作技能—实体实验实训室—企业专家兼职到校面授 | 无法居家学习 | 不具备理实一体化教学环境或企业专家参与条件，相应课程延期开展或只讲授理论部分 |
| 动作技能—虚实融合实验实训室—企业专家兼职到校面授 | | |
| 动作技能—多功能理实一体化室—无企业专家参与 | | |
| 动作技能—多功能理实一体化室—企业专家兼职到校面授 | | |
| 动作技能—多功能理实一体化室—企业专家兼职远程参与 | | |

据此，防疫期间的变化产生了四种以在线教学为主的新的混合教学方案。

**1. 基于虚拟仿真实验实训环境的动作技能混合教学**

教学内容具体表现为以动作技能相关原理性知识和仿真实训操作视频为代表的数字化教学资源，在线教学环境包括网络教学平台、网络直播平台及由虚拟仿真实验实训软件构成的虚拟仿真实验实训环境，教学方法以演示—模仿法为主，教学评价以技能训练过程及技能训练成果为主要内容，具体表现为网络教学平台和网络直播平台的在线学习过程数据、虚拟仿真训练成果。根据课前、课中、课后三个教学环节，该类动作技能混合教学活动进程如图7-3所示。课前环节主要是让学习者通过网络教学平台在线自主学习技能相关的原理性知识，并进行原理性知识的学习成果检验。同时，课前环节也可以让学习者观看技能仿真实训的操作视频，增强课中环节的学习准备。课中环节利用网络直播平台，教师首先需要对学习者课前预习的情况进行一定反馈，并对学习者掌握相对较为薄弱的内容及重点内容（通常为动作技能的分解与操作技巧）进行深度讲解，然后通过提问的方式进一步了解学习者的掌握情况。所有学习者通过网络直播平台所具备的留言等功能参与问题讨论并发表观点（以保证所有学习者的课堂参与度），教师综合学习者观点进行评价与反馈。然后进行动作技能的仿真实训，学习者可通过直播平台随时向教师提问，并将仿真实训成果上传至网络教学平台，供教师评价。最后教师进行课堂的总结并布置课后作业。课后环节也在网络教学平台上进行，学习者需要完成拓展学习、技能巩固练习与学习反思，教师则通过网络教学平台或即时通信软件进行答疑与反馈。无论是课前、课中还是课后环节，在线教学模式均支持教师在线团队化教学，可以设置多名教师同时授课或设置 E-Tutor，企业行业专家也可以以 E-Expert 的形式参与动作技能教学，包括技能讲解、互动答疑与技能训练成果评估。

**2. 基于实体实验实训环境的动作技能混合教学**

面向部分在日常生活或工作环境中即可远程实现实操练习的动作技能，其混合教学模式如图7-4所示。教学内容主要为动作技能相关的原理性知识及技能实操视频，主要应用的教学环境为网络教学平台和日常生活或工作环境构成的实体实验实训环境，教学方法主要为自主学习，教学评价以学习者自行录制的技能训练过程视频和训练成果为主，同时兼顾网络教学平台的在线学习过程数据。师生教学活动进程具体包括两部分，学习者首先在网络教学平台上自主学习动作技能相关的原理性知识及动作技能的实操演示视频，然后线

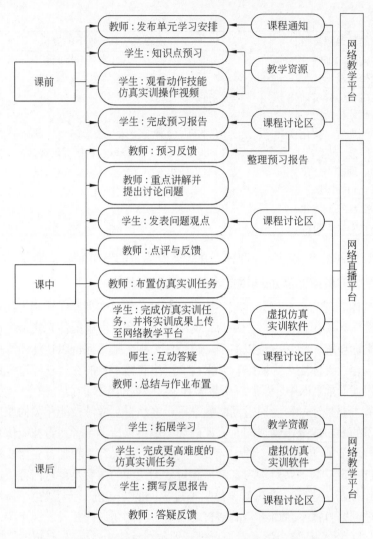

图 7-3 基于虚拟仿真实验实训环境的动作技能混合教学方案

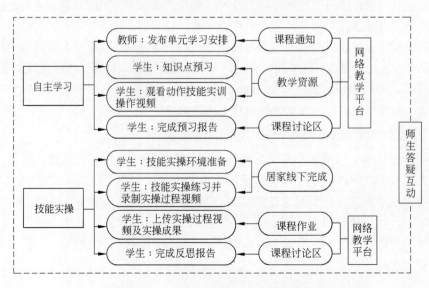

图 7-4 基于实体实验实训环境的动作技能混合教学方案

下利用日常可获得的场地、设备及人员进行技能练习,技能练习过程及技能练习成果采用视频录制形式上传网络教学平台,供教师进行一对一指导与点评。学习者自主学习与技能练习过程中遇到疑问,可以通过网络教学平台的讨论区功能或即时通讯软件向教师提问,教师进行在线答疑。面向这类在线教学模式,动作技能实操视频的录制至关重要,需要充分分解动作技能,做到技能操作过程清晰明确,让学习者一目了然。

### 3. 基于虚实融合实验实训环境的动作技能在线教学模式

教学内容主要为动作技能相关的原理性知识、技能仿真及实操过程视频,教学环境为虚实融合实验实训环境,包括仿真实验实训平台、网络教学平台、网络直播平台和支持技能实操训练的日常生活或工作环境,教学方法仍以演示—模仿法为主,在教学评价上,主要以技能训练过程及技能训练成果为主要评价内容,其表现形式即学习者自行录制的技能训练过程视频、虚拟仿真训练及实操训练形成的成果,同时兼顾网络教学平台和网络直播平台的在线学习过程数据。师生的教学活动进程如图 7-5 所示。课前学习者主要通过网

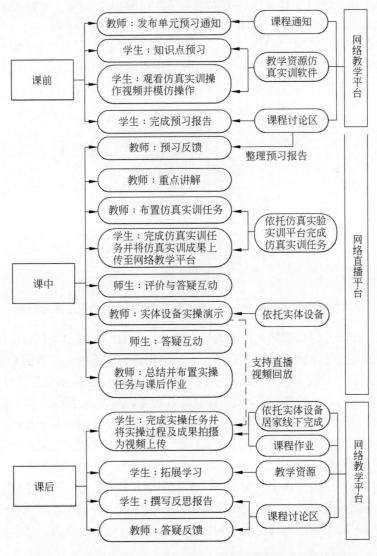

图 7-5 基于虚实融合实验实训环境的动作技能混合教学方案

络教学平台进行动作技能相关的原理性知识及动作技能仿真操作视频的学习，同时进行动作技能的模拟仿真练习。课堂环节的核心为技能的重点讲解与虚拟仿真练习，同时教师将通过直播平台与学习者进行答疑互动，并进行技能实操过程的演示。技能的实操练习与基于实体实验实训环境的动作技能在线教学模式相似，由学习者在课后结合所处环境具有的线下实操条件完成，课中环节的直播支持视频回放，学习者在实操练习过程中可随时调用。学习者的技能实操过程需要通过视频录制的方式记录下来，并伴随实操成果一同上传至网络教学平台，供学校教师和企业专家进行评价与反馈。此外，学习者还需完成拓展学习与学习反思。

除了教学设计案例的分析，教育部委托课题《职业教育领域在线教育应用专题研究》的教师调查问卷也对以培养动作技能为核心的课程进行了调研。调查结果显示，共有10596位教师在疫情期间所教授的课程涉及学生动作技能训练内容，其中有26.7%的课程将技能训练延至正式开学后，居家学习期间不进行技能实操实训教学；36.7%的课程进行技能教学，但本次在线教学过程仅让学生浏览动作技能相关资源，不要求进行实训练习，两者合计占比63.4%。仅有3877门被调研课程进行动作技能实训教学，占所有涉及技能实操实训课程的36.6%。3877门课程中，有28%的课程主要采用在线实训或计算机模拟仿真实训开展动作技能仿真实训，67%的课程利用家庭环境开展技能实操实训，5%的课程同时进行技能的仿真练习与实操实训，如图7-6所示。

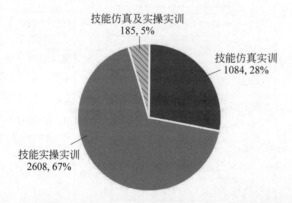

**图7-6 以动作技能为核心的多种课程混合教学方案的应用情况调研**

可以发现，相较于以培养智力技能为核心的课程，教学环境的变化对以培养动作技能为核心的课程的混合教学设计有较大影响。可以居家进行学习的动作技能一般为具有虚拟仿真实训条件或者对实验实训环境的专业性要求不高，可以依赖家庭自备的场地、工具、人员进行实操练习的动作技能，其他类动作技能在教学环境改变后无法正常实施混合教学。这说明教学环境对于教学目标的实现起到了一定的制约作用。同时对于那些要求企业专家面对面指导学生实训实践的课程，在学生居家学习条件下也无法正常实施教学，说明教学环境也限制教师的角色设计。

而"动作技能—虚拟仿真实验实训室—无企业专家参与"等六类仍能在学生居家学习条件开展教学的课程混合教学方案的变化中可以发现，以培养动作技能为核心的课程，在教学环境变化后，除了教学目标受到制约、教师角色设计受到影响外，教学内容的学习形式、教学方法的应用、教学反馈形式等要素的教学设计也进行了相应调整，如技能线下随堂反馈转变成了线上异步反馈，基于工作场所的现场体验教学法无法使用。这些都证明了职业教育混合教学七要素中教学环境的重要作用，而本书提出的职业教育课程混合教学设计模型也正确考量了各要素设计的顺序性，将确定教学环境作为仅次于教学目标设计的又一环节，其他的教学要素根据教学环境的特点再进行相应设计。职业教育课程混合教学设计模型对混合教学各要素结构关系的精准把握，保证了任一要素发生变化时，受之影响的其他教学要素仍可以按序进行调整，从而保证了混合教学设计模型在特殊教学场景下仍然具有指导作用。

## 三、以感觉与知觉技能培养为核心的混合教学分析

以培养感觉与知觉技能为核心的课程包括"感觉与知觉技能—实体实验实训室—无企业专家参与""感觉与知觉技能—工作场所—企业专家为主"两类。由于感觉与知觉技能的训练需要完全真实的实验实训环境，同时对技能训练所需的材料、设备、人员有一定要求，虚拟仿真软件无法实现这类技能的培养，因此，居家学习场景下仅支持在家能够找到技能训练环境的感觉与知觉技能的训练，如英语听力、品酒等。因此，以培养感觉与知觉技能为核心的课程混合教学方案在疫情期间的变化同以培养动作技能为核心的课程相同，如表7-3所示。该类课程教学设计的变化同样证明了教学环境的重要作用，以及职业教育课程混合教学设计模型所涉及的混合教学要素设计顺序的合理性。

表7-3　以感觉与知觉技能培养为核心的课程混合教学方案变化分析

| 学校教学场景下的原课程类型 | 学生居家学习场景下的变化 | |
| --- | --- | --- |
| 感觉与知觉技能—实体实验实训室—无企业专家参与 | 仅适用于在家能够找到技能训练环境的技能 | 课中环节学生技能练习由借助专业设备的随堂练习，转变为学生利用居家易得的工具、设备、人员，于直播或录播课后进行练习，练习过程由教师同步反馈转变为通过视频记录发送给教师进行异步指导 |
| 感觉与知觉技能—工作场所—企业专家为主 | 无法居家学习 | 不具备相应教学环境及企业专家参与条件 |

据此，防疫期间的变化产生了一种以在线教学为主的新的混合教学方案。混合教学活动进程如图7-7所示。教学内容通常为技能相关程序性知识，在线教学环境主要为网络教学平台，对于部分具备实操条件的，还包括由日常生活或工作环境构成的实体实训环境，教学方法主要采用自主学习法，对于具备实操条件的感觉与知觉技能，教学评价以技能练习过程视频为主要内容，同时参考网络教学平台的在线学习过程数据。学习者首先在网络教学平台上学习技能相关的知识点，包括陈述性知识和程序性知识，然后学习者在日常生活环境或工作环境中根据自身所处环境具备的条件远程进行技能的实操练习，并录制技能练习过程视频上传至网络教学平台。整个教学过程中，师生可以通过网络教学平台进行答疑互动。

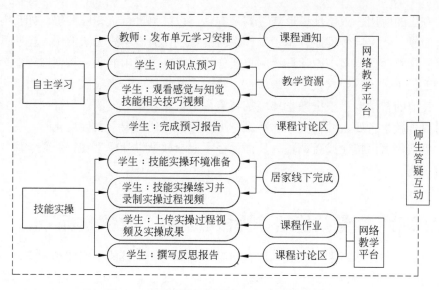

图 7-7 面向感觉与知觉技能的在线教学模式

## 四、以表达技能培养为核心的混合教学分析

学校教学场景下,以培养表达技能为核心的课程在混合教学设计时一般呈现出"表达技能—多媒体教室—无企业专家参与""表达技能—多媒体教室—企业专家兼职到校面授""表达技能—多媒体教室—企业专家兼职远程参与"三种类型。防疫期间学生居家学习场景下,企业专家兼职到校面授无法实现,而"表达技能—多媒体教室—无企业专家参与""表达技能—多媒体教室—企业专家兼职远程参与"两类课程的混合教学方案,同以培养智力技能为核心的课程一样,在居家学习场景和学校教学场景下无明显差异,只是课中教学活动的开展从多媒体教室"搬家"至直播平台或网络教学平台,师生在线进行表达技能的教学与互动,如表 7-4 所示。

表 7-4 以表达技能培养为核心的多种课程混合教学方案变化分析

| 学校教学场景下的原课程类型 | 学生居家学习场景下的变化 | |
| --- | --- | --- |
| 表达技能—多媒体教室—无企业专家参与 | 课中环节由线下课堂技能练习与互动,转变为借助直播平台的技能练习与互动 | |
| 表达技能—多媒体教室—企业专家兼职远程参与 | | |
| 表达技能—多媒体教室—企业专家兼职到校面授 | 无法居家学习 | 不具备企业专家参与条件 |

据此,防疫期间的变化产生了两种以在线教学为主的新的混合教学方案。

### 1. 面向口头表达技能训练的混合教学

面向口头表达技能训练的混合教学以口头表达技能的训练为主要教学目标,其教学内容主要为口头表达相关知识性及技巧性内容构成的课件及视频资源,在线教学环境主要由网络教学平台、即时通讯软件、网络直播平台共同组成,在教学方法的使用上,强调网络协作学习与角色扮演法(或采用演讲方法、辩论法等)相结合,教学评价以直播教学中技能训练表现为主,同时考虑学习者在线学习行为,包括在线学习时长、在线作业、讨论与测试等。师生教学活动进程如图 7-8 所示。

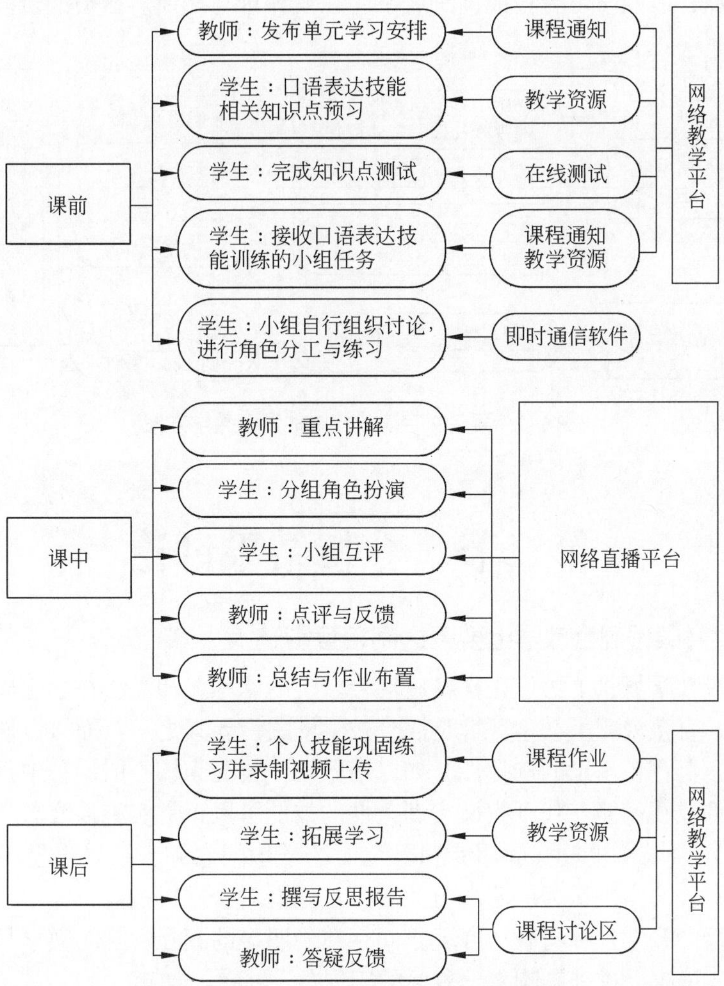

课前：
- 教师：发布单元学习安排 ← 课程通知
- 学生：口语表达技能相关知识点预习 ← 教学资源
- 学生：完成知识点测试 ← 在线测试
- 学生：接收口语表达技能训练的小组任务 ← 课程通知、教学资源
（以上对应：网络教学平台）
- 学生：小组自行组织讨论，进行角色分工与练习 ← 即时通信软件

课中：
- 教师：重点讲解
- 学生：分组角色扮演
- 学生：小组互评
- 教师：点评与反馈
- 教师：总结与作业布置
（以上对应：网络直播平台）

课后：
- 学生：个人技能巩固练习并录制视频上传 ← 课程作业
- 学生：拓展学习 ← 教学资源
- 学生：撰写反思报告 ← 课程讨论区
- 教师：答疑反馈
（以上对应：网络教学平台）

图 7-8　面向口语表达技能的在线教学模式

课前学习者首先通过网络教学平台对口语表达所需的知识点如词汇、技巧进行自主学习，并完成相应的知识点测试。然后根据分组情况，各小组成员通过即时通讯软件自行组织口语表达训练任务的角色扮演练习。课堂环节通过网络直播平台，各小组分别进行课前准备的口语表达角色扮演任务的表演，表演效果由小组互评和教师评价共同组成，以增强学习者的学习参与度。课后环节学习者需要就口语表达技能进行个人的巩固练习，并将练习成果以视频的形式拍摄后上传至网络教学平台，供教师一对一点评与反馈。课后学习者还需要进行拓展资源的学习，并完成相应的学习反思，遇到疑问可以与教师进行互动答疑。

### 2. 面向文字表达技能训练的混合教学

文字表达技能具体表现为文字写作，更加强调学习者的线下阅读积累，因此面向文字表达技能训练的在线教学模式中，其教学内容主要为优秀作品等阅读素材及写作技巧授课视频，教学环境仅为网络教学平台，教学方法以学习者自主学习为主，教学评价以作品评价为核心。师生在线教学活动进程主要包括学习者观看文字表达技巧相关的授课视频、在线欣赏优秀作品,以及学习者技能训练成果的在线评价与反馈。该类混合教学活动进程如图 7-9 所示。

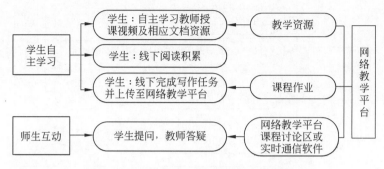

图 7-9 面向文字表达技能的混合教学方案

# 第二节 分析结果讨论

## 1. 职业教育课程混合教学七要素之间相互影响

部分在学校教学场景下可以正常实施混合教学的课程,却无法在学生居家学习场景下实施混合教学,直接说明了教学环境是混合教学的关键要素之一。而可以居家进行混合教学的课程类型,仍存在一定的选择性,如以培养动作技能为核心的课程中仅部分具备虚拟仿真实训条件或在家能够找到实操实训条件的技能可以正常实施混合教学。教育部委托课题《职业教育领域在线教育应用专题研究》的学生问卷调查结果也显示,有超过 26% 涉及技能实训课程的学生认为居家学习无法满足他们对于进行技能目标学习的要求。这说明不同技能目标即教学目标与教学环境之间存在着明显的相互影响。教学目标决定教学环境类型,教学环境也反过来影响教学目标的实现。

此外,18 类课程混合教学方案在学生居家学习场景下的变化,也同样证明了教学环境影响教师角色设计,对教师(含企业专家)线下面对面指导有特殊要求的课程受到了一定的教学制约。同时,也均有案例证明了教学内容、教学方法、教学反馈等要素也受到教学环境的影响。这些研究结果进一步验证了第三章所论述的职业教育课程混合教学七要素的结构关系,以及在混合教学设计时的逻辑顺序的合理性。

## 2. 职业教育课程混合教学设计模型适用于特殊教学场景

能够在学生居家学习场景中实施混合教学的课程,其混合教学方案与在学校教学场景下的混合教学方案相比较,其变化主要体现在教师角色、教学内容、教学方法、教学反馈等要素根据教学环境进行了适应性的调整。研究构建职业教育课程混合教学设计模型充分考量混合教学七要素之间的结构关系,明确教学各要素按序进行设计的思路,强调在确定教学目标和教学环境的基础上,再进行其他教学要素的设计。因而保证了在新冠疫情导致学生只能居家学习这一特殊教学场景下教学环境发生较大变化时,混合教学设计模型仍然具有指导价值。教师按照该模型进行教学设计,首先判断教学目标和教学环境是否能够满足教学需要，若无法满足，则该类课程无法实施，只能延后；而当教学目标和教学环境能够相互匹配，就可以进行教师角色、教学内容、教学方法、教学反馈等要素设计，最终形成完整的教学方案。此外，部分在职业教育课程混合教学设计模型指导下形成的混合教学方案，可以直接应用于新冠疫情期间师生居家教学，这些都证明了职业教育课程混合教学设计模型具有良好的灵活性与通用性。

# 本 章 小 结

本章基于新冠疫情防控期间这一特殊教学场景下的职业院校课程混合教学设计案例，对18类课程混合教学方案在学校教学场景和居家教学场景下进行了比较分析，并利用师生问卷调查结果对部分分析结果进行了佐证。分析结果表明，学校教学场景和居家教学场景的主要区别在于教学环境的变化，以在线教学环境为主、线下居家环境为辅的混合教学环境改变，对各类职业教育课程尤其是以培养动作技能和感觉与知觉技能为目标的课程混合教学设计产生了较大影响，包括制约了部分教学目标的实现，影响了教师角色、教学内容、教学环境、教学反馈等要素的设计，证明了本书所提出的职业教育混合教学七要素之间的结构关系，以及基于混合教学七要素的结构关系构建形成的职业教育课程混合教学设计模型的合理性，因此该模型仍然可以应用于特殊教学场景。